BIBLIOTHÈQUE NATIONALE

MOLIÈRE

LE BOURGEOIS GENTILHOMME

LA COMTESSE D'ESCARBAGNAS

DUBUISSON et Cie	LUCIEN MARPON
5	4 à 7
Rue Coq Heron	Galeries de l'Odéon

25 centimes
35 CENTIMES RENDU FRANCO DANS TOUTE LA FRANCE.

1866

THÉATRE

DE

MOLIÈRE

LE BOURGEOIS GENTILHOMME

LA COMTESSE D'ESCARBAGNAS

PARIS

BUREAUX DE LA PUBLICATION
5, Rue Coq-Héron, 5

1866

C.

LE
BOURGEOIS GENTILHOMME

COMÉDIE-BALLET EN CINQ ACTES

(1670)

PERSONNAGES DE LA COMÉDIE

MONSIEUR JOURDAIN, bourgeois.
MADAME JOURDAIN.
LUCILE, fille de M. Jourdain.
CLÉONTE, amant de Lucile.
DORIMÈNE, marquise.
DORANTE, comte, amant de Dorimène.
NICOLE, servante de M. Jourdain.
COVIELLE, valet de Cléonte.
UN MAITRE DE MUSIQUE.
UN ÉLEVE DU MAITRE DE MUSIQUE.
UN MAITRE A DANSER.
UN MAITRE D'ARMES.
UN MAITRE DE PHILOSOPHIE.
UN MAITRE TAILLEUR.
UN GARÇON TAILLEUR.
DEUX LAQUAIS.

PERSONNAGES DU BALLET

DANS LE PREMIER ACTE

UNE MUSICIENNE.
DEUX MUSICIENS.
DANSEURS.

DANS LE SECOND ACTE

GARÇONS TAILLEURS, dansants.

DANS LE TROISIÈME ACTE

CUISINIERS, dansants.

DANS LE QUATRIÈME ACTE

Cérémonie turque

LE MUFTI.
TURCS, ASSISTANTS DU MUFTI, dansants.
DERVIS. chantants.
TURCS. dansants.

DANS LE CINQUIÈME ACTE

Ballet des nations

UN DONNEUR DE LIVRES, dansant.
IMPORTUNS. dansants.
TROUPE DE SPECTATEURS, chantants.
PREMIER HOMME DU BEL AIR.
SECOND HOMME DU BEL AIR.
PREMIÈRE FEMME DU BEL AIR.
SECONDE FEMME DU BEL AIR.
PREMIER GASCON.
SECOND GASCON.
UN SUISSE.
UN VIEUX BOURGEOIS BABILLARD.
UNE VIEILLE BOURGEOISE BABILLARDE.
ESPAGNOLS. chantants.
ESPAGNOLS. dansants.
UNE ITALIENNE.
UN ITALIEN.
DEUX SCARAMOUCHES.
DEUX TRIVELINS.
ARLEQUIN.
DEUX POITEVINS, chantants et dansants.
POITEVINS et POITEVINES, dansants.

LE
BOURGEOIS GENTILHOMME

ACTE PREMIER

—

SCÈNE PREMIÈRE

UN MAITRE DE MUSIQUE; UN ELÈVE DU MAITRE DE MUSIQUE, *composant sur une table qui est au milieu du théâtre;* UNE MUSICIENNE, DEUX MUSICIENS, UN MAITRE A DANSER, DANSEURS.

LE MAITRE DE MUSIQUE, *aux Musiciens.*

Venez, entrez dans cette salle, et vous reposez là, en attendant qu'il vienne.

LE MAITRE A DANSER, *aux Danseurs.*

Et vous aussi, de ce côté.

LE MAITRE DE MUSIQUE, *à son élève.*

Est-ce fait?

L'ÉLÈVE.

Oui.

LE MAITRE DE MUSIQUE.

Voyons... Voilà qui est bien.

LE MAITRE A DANSER.

Est-ce quelque chose de nouveau?

LE MAITRE DE MUSIQUE.

Oui. C'est un air pour une sérénade que je lui ai fait composer ici, en attendant que notre homme fût éveillé.

LE MAITRE A DANSER.

Peut-on voir ce que c'est?

LE MAITRE DE MUSIQUE.

Vous l'allez entendre avec le dialogue, quand il viendra. Il ne tardera guère.

LE MAITRE A DANSER.

Nos occupations, à vous et à moi, ne sont pas petites maintenant.

LE MAITRE DE MUSIQUE.

Il est vrai. Nous avons trouvé ici un homme comme il nous le faut a tous deux. Ce nous est une douce rente que ce monsieur Jourdain, avec les visions de noblesse et de galanterie qu'il est allé se mettre en tête; et votre danse et ma musique auraient à souhaiter que tout le monde lui ressemblât.

LE MAITRE A DANSER

Non pas entièrement; et je voudrais, pour lui, qu'il se connût mieux qu'il ne fait aux choses que nous lui donnons.

LE MAITRE DE MUSIQUE.

Il est vrai qu'il les connaît mal, mais il les paye bien; et c'est de quoi maintenant nos arts ont plus besoin que de toute autre chose.

LE MAITRE A DANSER.

Pour moi, je vous l'avoue, je me repais un peu de gloire. Les applaudissements me touchent ; et je tiens que, dans tous les beaux-arts, c'est un supplice assez fâcheux que de se produire à des sots, que d'essuyer sur des compositions la barbarie d'un stupide. Il y a plaisir, ne m'en parlez point, à travailler pour des personnes qui soient capables de sentir les délicatesses d'un art, qui sachent faire un doux accueil aux beautés d'un ouvrage, et, par de chatouillantes approbations, vous régaler de votre travail. Oui, la récompense la plus agréable qu'on puisse recevoir des choses que l'on fait, c'est de les voir connues, de les voir caressées d'un applaudissement qui vous honore. Il n'y a rien, à mon avis, qui nous paye mieux que cela de toutes nos fatigues ; et ce sont des douceurs exquises que des louanges éclairées.

LE MAITRE DE MUSIQUE.

J'en demeure d'accord, et je les goûte comme vous. Il n'y a rien assurément qui chatouille davantage que les applaudissements que vous dites ; mais cet encens ne fait pas vivre. Des louanges toutes pures ne mettent point un homme à son aise : il y faut mêler du solide ; et la meilleure façon de louer, c'est de louer avec les mains. C'est un homme, à la vérité, dont les lumières sont petites ; qui parle à tort et à travers de toutes choses et n'applaudit qu'à contre-sens ; mais son argent redresse les jugements de son esprit : il y a du discernement dans sa bourse, ses louanges sont monnayées; et ce bourgeois ignorant nous vaut mieux, comme vous voyez, que le grand seigneur éclairé qui nous a introduits ici.

LE MAITRE A DANSER.

Il y a quelque chose de vrai dans ce que vous dites; mais je trouve que vous appuyez un peu trop sur l'argent; et l'intérêt est quelque chose de si bas, qu'il ne faut jamais qu'un honnête homme montre pour lui de l'attachement.

LE MAITRE DE MUSIQUE.

Vous recevez fort bien pourtant l'argent que notre homme vous donne.

LE MAITRE A DANSER.

Assurément; mais je n'en fais pas mon bonheur; et je voudrais qu'avec son bien il eût encore quelque bon goût des choses.

LE MAITRE DE MUSIQUE.

Je le voudrais aussi; et c'est à quoi nous travaillons tous deux autant que nous pouvons. Mais, en tout cas, il nous donne moyen de nous faire connaître dans le monde, et il payera pour les autres ce que les autres loueront pour lui.

LE MAITRE A DANSER.

Le voilà qui vient.

SCÈNE II

MONSIEUR JOURDAIN, *en robe de chambre et en bonnet de nuit;* LE MAITRE DE MUSIQUE, LE MAITRE A DANSER, L'ÉLÈVE DU MAITRE DE MUSIQUE, UNE MUSICIENNE, DEUX MUSICIENS, DANSEURS, DEUX LAQUAIS.

MONSIEUR JOURDAIN.

Eh bien, messieurs, qu'est-ce? Me ferez-vous voir votre petite drôlerie?

LE MAITRE A DANSER.

Comment! quelle petite drôlerie?

MONSIEUR JOURDAIN.

Hé! là... Comment appelez-vous cela? Votre prologue ou dialogue de chansons et de danse?

LE MAITRE A DANSER.

Ah, ah!

LE MAITRE DE MUSIQUE.

Vous nous y voyez préparés.

MONSIEUR JOURDAIN.

Je vous ai fait un peu attendre; mais c'est que je me fais habiller aujourd'hui comme les gens de qualité; et mon tailleur m'a envoyé des bas de soie que j'ai pensé ne mettre jamais.

LE MAITRE DE MUSIQUE.

Nous ne sommes ici que pour attendre votre loisir.

MONSIEUR JOURDAIN.

Je vous prie tous deux de ne vous point en aller qu'on ne m'ait apporté mon habit, afin que vous me puissiez voir.

LE MAITRE A DANSER.

Tout ce qu'il vous plaira.

MONSIEUR JOURDAIN.

Vous me verrez équipé comme il faut, depuis les pieds jusqu'à la tête.

LE MAITRE DE MUSIQUE.

Nous n'en doutons point.

MONSIEUR JOURDAIN.

Je me suis fait faire cette indienne-ci.

LE MAITRE A DANSER.

Elle est fort belle.

MONSIEUR JOURDAIN.

Mon tailleur m'a dit que les gens de qualité étaient comme cela le matin.

LE MAITRE DE MUSIQUE.

Cela vous sied à merveille.

MONSIEUR JOURDAIN.

Laquais, holà! mes deux laquais!

PREMIER LAQUAIS.

Que voulez-vous, monsieur?

MONSIEUR JOURDAIN.

Rien. C'est pour voir si vous m'entendez bien. (*Au Maître de musique et au Maître à danser.*) Que dites-vous de mes livrées?

LE MAITRE A DANSER.

Elles sont magnifiques.

MONSIEUR JOURDAIN, *entr'ouvrant sa robe, et faisant voir son haut-de-chausses étroit de velours rouge, et sa camisole de velours vert.*

Voici encore un petit déshabillé, pour faire le matin mes exercices.

LE MAITRE DE MUSIQUE.

Il est galant.

MONSIEUR JOURDAIN.

Laquais!

PREMIER LAQUAIS.

Monsieur?

MONSIEUR JOURDAIN.

L'autre laquais.

SECOND LAQUAIS.

Monsieur?

MONSIEUR JOURDAIN, *ôtant sa robe de chambre.*

Tenez ma robe. (*Au Maître de musique et au Maître à danser.*) Me trouvez-vous bien comme cela?

LE MAITRE A DANSER

Fort bien; on ne peut pas mieux.

MONSIEUR JOURDAIN.

Voyons un peu votre affaire.

LE MAITRE DE MUSIQUE.

Je voudrais bien auparavant vous faire entendre un air (*montrant son élève*) qu'il vient de composer pour la sérénade que vous m'avez demandée. C'est un de mes écoliers qui a pour ces sortes de choses un talent admirable.

MONSIEUR JOURDAIN.

Oui ; mais il ne fallait pas faire faire cela par un écolier, et vous n'étiez pas trop bon vous-même pour cette besogne-là.

LE MAITRE DE MUSIQUE.

Il ne faut pas, monsieur, que le nom d'écolier vous abuse. Ces sortes d'écoliers en savent autant que les plus grands maîtres ; et l'air est aussi beau qu'il s'en puisse faire. Écoutez seulement.

MONSIEUR JOURDAIN, *à ses laquais.*

Donnez-moi ma robe pour mieux entendre. Attendez ; je crois que je serai mieux sans robe.. Non. Redonnez-la-moi ; cela ira mieux.

LA MUSICIENNE.

Je languis nuit et jour, et mon mal est extrême
Depuis qu'à vos rigueurs vos beaux yeux m'ont sou-
(mis ;)
Si vous traitez ainsi, belle Iris, qui vous aime,
Hélas ! que pourriez-vous faire à vos ennemis ?

MONSIEUR JOURDAIN.

Cette chanson me semble un peu lugubre ; elle endort ; et je voudrais que vous la pussiez un peu regaillardir par-ci par-là.

LE MAITRE DE MUSIQUE.

Il faut, monsieur, que l'air soit accommodé aux paroles.

MONSIEUR JOURDAIN.

On m'en apprit un tout à fait joli, il y a quelque temps. Attendez... là... Comment est-ce qu'il dit ?

LE MAITRE A DANSER.

Par ma foi, je ne sais.

MONSIEUR JOURDAIN.

Il y a du mouton dedans.

LE MAITRE A DANSER.

Du mouton?

MONSIEUR JOURDAIN.

Oui. Ah! (*Il chante.*)

> Je croyais Jeanneton
> Aussi douce que belle;
> Je croyais Jeanneton
> Plus douce qu'un mouton.
> Hélas! hélas! elle est cent fois.
> Mille fois plus cruelle
> Que n'est le tigre au bois.

N'est-il pas joli?

LE MAITRE DE MUSIQUE.

Le plus joli du monde.

LE MAITRE A DANSER.

Et vous le chantez bien.

MONSIEUR JOURDAIN.

C'est sans avoir appris la musique.

LE MAITRE DE MUSIQUE.

Vous devriez l'apprendre, monsieur, comme vous faites la danse. Ce sont deux arts qui ont une étroite liaison ensemble.

LE MAITRE A DANSER.

Et qui ouvrent l'esprit d'un homme aux belles choses.

MONSIEUR JOURDAIN.

Est-ce que les gens de qualité apprennent aussi la musique?

LE MAITRE DE MUSIQUE.

Oui, monsieur.

MONSIEUR JOURDAIN.

Je l'apprendrai donc. Mais je ne sais quel temps je pourrai prendre; car, outre le maître d'armes qui me montre, j'ai arrêté encore un maître de philosophie, qui doit commencer ce matin.

LE MAITRE DE MUSIQUE.

La philosophie est quelque chose: mais la musique, monsieur, la musique...

LE MAITRE A DANSER.

La musique et la danse... La musique et la danse, c'est là tout ce qu'il faut.

LE MAITRE DE MUSIQUE.

Il n'y a rien qui soit si utile dans un État que la musique.

LE MAITRE A DANSER.

Il n'y a rien qui soit si nécessaire aux hommes que la danse.

LE MAITRE DE MUSIQUE.

Sans la musique, un état ne peut subsister.

LE MAITRE A DANSER.

Sans la danse, un homme ne saurait rien faire.

LE MAITRE DE MUSIQUE.

Tous les désordres, toutes les guerres qu'on

voit dans le monde n'arrivent que pour n'apprendre pas la musique.

LE MAITRE A DANSER.

Tous les malheurs des hommes, tous les revers funestes dont les histoires sont remplies, les bévues des politiques, les manquements des grands capitaines, tout cela n'est venu que faute de savoir danser.

MONSIEUR JOURDAIN.

Comment cela?

LE MAITRE DE MUSIQUE.

La guerre ne vient-elle pas d'un manque d'union entre les hommes?

MONSIEUR JOURDAIN.

Cela est vrai.

LE MAITRE DE MUSIQUE.

Et si tous les hommes apprenaient la musique, ne serait-ce pas le moyen de s'accorder ensemble, et de voir dans le monde la paix universelle?

MONSIEUR JOURDAIN.

Vous avez raison.

LE MAITRE A DANSER.

Lorsqu'un homme a commis un manquement dans sa conduite, soit aux affaires de sa famille, ou au gouvernement d'un Etat, ou au commandement d'une armée, ne dit-on pas toujours : Un tel a fait un mauvais pas dans une telle affaire?

MONSIEUR JOURDAIN.

Oui ; on dit cela.

LE MAITRE A DANSER.

Et faire un mauvais pas peut-il procéder d'autre chose que de ne savoir pas danser?

MONSIEUR JOURDAIN.

Cela est vrai, et vous avez raison tous deux.

LE MAITRE A DANSER.

C'est pour vous faire voir l'excellence et l'utilité de la danse et de la musique.

MONSIEUR JOURDAIN.

Je comprends cela à cette heure.

LE MAITRE DE MUSIQUE.

Voulez-vous voir nos deux affaires?

MONSIEUR JOURDAIN.

Oui.

LE MAITRE DE MUSIQUE.

Je vous l'ai déjà dit, c'est un petit essai que j'ai fait autrefois des diverses passions que peut exprimer la musique.

MONSIEUR JOURDAIN.

Fort bien.

LE MAITRE DE MUSIQUE, *aux Musiciens.*

Allons, avancez. (*A monsieur Jourdain.*) Il faut vous figurer qu'ils sont habillés en bergers.

MONSIEUR JOURDAIN.

Pourquoi toujours des bergers? On ne voit que cela partout.

LE MAITRE A DANSER.

Lorsqu'on a des personnes à faire parler en musique, il faut bien que, pour la vraisemblance, on donne dans la bergerie. Le chant a été de tout temps affecté aux bergers; et il n'est guère naturel, en dialogue, que des princes ou bourgeois chantent leurs passions.

MONSIEUR JOURDAIN.

Passe, passe. Voyons.

DIALOGUE EN MUSIQUE

UNE MUSICIENNE, DEUX MUSICIENS.

LA MUSICIENNE.

Un cœur, dans l'amoureux empire,
De mille soins est toujours agité :
On dit qu'avec plaisir on languit, on soupire ;
Mais quoi qu'on puisse dire,
Il n'est rien de si doux que notre liberté.

PREMIER MUSICIEN.

Il n'est rien de si doux que les tendres ardeurs
Qui font vivre deux cœurs
Dans une même envie ;
On ne peut être heureux sans amoureux désirs :
Otez l'amour de la vie,
Vous en ôtez les plaisirs.

SECOND MUSICIEN.

Il serait doux d'entrer sous l'amoureuse loi,
Si l'on trouvait en amour de la foi :
Mais, hélas! ô rigueur cruelle !
On ne voit point de bergere fidéle ;
Et ce sexe inconstant, trop indigne du jour,
Doit faire pour jamais renoncer à l'amour.

PREMIER MUSICIEN.

Aimable ardeur!...

LA MUSICIENNE.

Franchise heureuse!...

SECOND MUSICIEN.

Sexe trompeur!...

PREMIER MUSICIEN.

Que tu m'es précieuse!

LA MUSICIENNE.

Que tu plais à mon cœur!

SECOND MUSICIEN.

Que tu me fais horreur!

PREMIER MUSICIEN.

Ah! quitte, pour aimer, cette haine mortelle.

LA MUSICIENNE.

On peut, on peut te montrer
Une bergère fidele.

SECOND MUSICIEN.

Hélas! où la rencontrer?

LA MUSICIENNE.

Pour défendre notre gloire,
Je te veux offrir mon cœur.

SECOND MUSICIEN.

Mais, bergère, puis-je croire.
Qu'il ne sera point trompeur?

LA MUSICIENNE.

Voyons, par expérience,
Qui des deux aimera mieux.

SECOND MUSICIEN.

Qui manquera de constance.
Le puissent perdre les dieux!

TOUS TROIS ENSEMBLE.

A des ardeurs si belles

Laissons-nous enflammer :
Ah ! qu'il est doux d'aimer,
Quand deux cœurs sont fidèles !

MONSIEUR JOURDAIN.

Est-ce tout ?

LE MAITRE DE MUSIQUE.

Oui.

MONSIEUR JOURDAIN.

Je trouve cela bien troussé ; et il y a là-dedans de petits dictons assez jolis.

LE MAITRE A DANSER.

Voici, pour mon affaire, un petit essai des
plus beaux mouvements et des plus belles at-
titudes dont une danse puisse être variée.

MONSIEUR JOURDAIN.

Sont-ce encore des bergers ?

LE MAITRE A DANSER.

C'est ce qu'il vous plaira. (*Aux Danseurs.*)
Allons.

ENTRÉE DE BALLET.

(*Quatre Danseurs exécutent tous les mouvements
différents et toutes les sortes de pas que le maître à danser leur commande.*

FIN DU PREMIER ACTE.

ACTE DEUXIÈME

—

SCÈNE PREMIÈRE

MONSIEUR JOURDAIN, LE MAITRE DE MUSIQUE, LE MAITRE A DANSER.

MONSIEUR JOURDAIN.

Voilà qui n'est point sot; et ces gens-là se trémoussent bien.

LE MAITRE DE MUSIQUE.

Lorsque la danse sera mêlée avec la musique, cela fera plus d'effet encore; et vous verrez quelque chose de galant dans le petit ballet que nous avons ajusté pour vous.

MONSIEUR JOURDAIN.

C'est pour tantôt, au moins; et la personne pour qui j'ai fait faire tout cela me doit faire l'honneur de venir dîner céans.

LE MAITRE A DANSER.

Tout est prêt.

LE MAITRE DE MUSIQUE.

Au reste, monsieur, ce n'est pas assez; il faut qu'une personne comme vous, qui êtes magnifique et qui avez de l'inclination pour les belles choses, ait un concert de musique chez soi tous les mercredis ou tous les jeudis.

MONSIEUR JOURDAIN.

Est-ce que les gens de qualité en ont?

LE MAITRE DE MUSIQUE.

Oui, monsieur.

MONSIEUR JOURDAIN.

J'en aurai donc. Cela sera-t-il beau?

LE MAITRE DE MUSIQUE.

Sans doute. Il vous faudra trois voix : un dessus, une haute-contre et une basse, qui seront accompagnés d'une basse de viole, d'un téorbe et d'un clavecin pour les basses continues, avec deux dessus de violon pour jouer les ritournelles.

MONSIEUR JOURDAIN.

Il y faudra mettre aussi une trompette marine. La trompette marine est un instrument qui me plait, et qui est harmonieux.

LE MAITRE DE MUSIQUE.

Laissez-nous gouverner les choses.

MONSIEUR JOURDAIN.

Au moins, n'oubliez pas tantôt de m'envoyer des musiciens pour chanter à table.

LE MAITRE DE MUSIQUE.

Vous aurez tout ce qu'il vous faut.

MONSIEUR JOURDAIN.

Mais surtout que le ballet soit beau.

LE MAITRE A DANSER.

Vous en serez content, et entre autres choses, de certains menuets que vous y verrez.

MONSIEUR JOURDAIN.

Ah ! les menuets sont ma danse ; et je veux
que vous me le voyiez danser. Allons, mon
maître.

LE MAITRE A DANSER.

Un chapeau, monsieur, s'il vous plaît.

(*Monsieur Jourdain va prendre le chapeau de
son laquais et le met par-dessus son bonnet de
nuit. Son maître lui prend les mains et le fait
danser sur un air de menuet qu'il chante.*)

> La, la, la, la, la, la,
> La. la, la, la, la, la, la,
> La, la, la, la, la, la,
> La, la, la. la, la, la.
> La, la, la, la, la.

En cadence, s'il vous plaît.

> La, la, la, la, la.

La jambe droite.

> La, la, la.

Ne remuez point tant la tête.

> La, la, la. la, la, la, la, la, la, la.

Vos deux bras sont estropiés.

> La, la, la, la.

Tournez la pointe du pied en dehors.

> La, la, la.

MONSIEUR JOURDAIN.

Hé !

LE MAITRE DE MUSIQUE.

Voilà qui est le mieux du monde.

MONSIEUR JOURDAIN.

A propos, apprenez-moi comme il faut faire une révérence pour saluer une marquise; j'en aurai besoin tantôt.

LE MAITRE A DANSER.

Une révérence pour saluer une marquise?

MONSIEUR JOURDAIN.

Oui, une marquise qui s'appelle Doriméne.

LE MAITRE A DANSER.

Donnez-moi la main.

MONSIEUR JOURDAIN.

Non, vous n'avez qu'à faire, je le retiendrai bien.

LE MAITRE A DANSER.

Si vous voulez la saluer avec beaucoup de respect, il faut faire d'abord une révérence en arriére, puis marcher vers elle avec trois révérences en avant, et à la derniére vous baisser jusqu'à ses genoux.

MONSIEUR JOURDAIN.

Faites un peu. (*Après que le Maître à danser a fait trois révérences.*) Bon.

SCÈNE II

MONSIEUR JOURDAIN, LE MAITRE DE MUSIQUE, LE MAITRE A DANSER, UN LAQUAIS.

UN LAQUAIS.

Monsieur, voilà votre maître d'armes qui est là.

MONSIEUR JOURDAIN.

Dis-lui qu'il entre pour me donner leçon. (*Au Maître de musique et au Maître à danser.*) Je veux que vous me voyiez faire.

SCÈNE III

MONSIEUR JOURDAIN, UN MAITRE D'AR-MES, LE MAITRE DE MUSIQUE, LE MAI-TRE A DANSER, UN LAQUAIS, *tenant deux fleurets.*

LE MAITRE D'ARMES, *après avoir pris les deux fleurets de la main du laquais, et en avoir présenté un à monsieur Jourdain.*

Allons, monsieur, la révérence. Votre corps droit, un peu penché sur la cuisse gauche. Les jambes point tant écartées. Vos pieds sur une même ligne. Votre poignet à l'opposite de votre hanche. La pointe de votre épée vis-à-vis de votre épaule. Le bras pas tout à fait si étendu. La main gauche à la hauteur de l'œil. L'épaule gauche plus carrée. La tête droite. Le regard assuré. Avancez. Le corps ferme. Touchez-moi l'épée de quarte, et achevez de même. Une, deux. Remettez-vous. Redoublez de pied ferme. Une, deux. Un saut en arrière. Quand vous portez la botte, monsieur, il faut que l'épée parte la première, et que le corps soit bien effacé. Une, deux. Allons, touchez-moi l'épée de tierce, et achevez de même. Avancez. Le corps ferme. Avancez. Partez de là. Une, deux. Remettez-vous. Redoublez. Une, deux. Un saut en arrière. En garde, monsieur, en garde.

(Le Maître d'armes lui pousse deux ou trois bottes, en lui disant : En garde.)

MONSIEUR JOURDAIN.

Hé !

LE MAITRE DE MUSIQUE.

Vous faites des merveilles.

LE MAITRE D'ARMES.

Je vous l'ai déjà dit, tout le secret des armes ne consiste qu'en deux choses : à donner et à ne point recevoir; et, comme je vous fis voir l'autre jour par raison démonstrative, il est impossible que vous receviez si vous savez détourner l'épée de votre ennemi de la ligne de votre corps; ce qui ne dépend seulement que d'un petit mouvement du poignet ou en dedans ou en dehors.

MONSIEUR JOURDAIN.

De cette façon donc, un homme, sans avoir du cœur, est sûr de tuer son homme et de n'être point tué?

LE MAITRE D'ARMES.

Sans doute. N'en vîtes-vous pas la démonstration?

MONSIEUR JOURDAIN.

Oui.

LE MAITRE D'ARMES.

Et c'est en quoi l'on voit de quelle considération nous autres nous devons être dans un Etat, et combien la science des armes l'emporte hautement sur toutes les autres sciences inutiles, comme la danse, la musique, la...

LE MAITRE A DANSER.

Tout beau! monsieur le tireur d'armes; ne parlez de la danse qu'avec respect.

LE MAITRE DE MUSIQUE.

Apprenez, je vous prie, à mieux traiter l'excellence de la musique.

LE MAITRE D'ARMES.

Vous êtes de plaisantes gens, de vouloir comparer vos sciences à la mienne!

LE MAITRE DE MUSIQUE.

Voyez un peu l'homme d'importance!

LE MAITRE A DANSER.

Voilà un plaisant animal avec son plastron!

LE MAITRE D'ARMES.

Mon petit maître à danser, je vous ferais danser comme il faut. Et vous, mon petit musicien, je vous ferais chanter de la belle manière.

LE MAITRE A DANSER.

Monsieur le batteur de fer, je vous apprendrai votre métier.

MONSIEUR JOURDAIN, *au Maître à danser.*

Etes-vous fou de l'aller quereller, lui qui entend la tierce et la quarte, et qui sait tuer un homme par raison démonstrative?

LE MAITRE A DANSER.

Je me moque de sa raison démonstrative et de sa tierce et de sa quarte.

MONSIEUR JOURDAIN, *au Maître à danser.*

Tout doux, vous dis-je.

LE MAITRE D'ARMES, *au Maître à danser.*

Comment! petit impertinent!

MONSIEUR JOURDAIN.

Hé! mon maître d'armes!

LE MAITRE A DANSER, *au Maître d'armes.*

Comment, grand cheval de carrosse!

MONSIEUR JOURDAIN.

Hé! mon maître à danser!

LE MAITRE D'ARMES.

Si je me jette sur vous...

MONSIEUR JOURDAIN, *au Maître d'armes.*

Doucement!

LE MAITRE A DANSER.

Si je mets sur vous la main...

MONSIEUR JOURDAIN, *au Maître à danser.*

Tout beau!

LE MAITRE D'ARMES.

Je vous étrillerai d'un air...

MONSIEUR JOURDAIN, *au Maître d'armes.*

De grâce!

LE MAITRE A DANSER.

Je vous rosserai d'une manière...

MONSIEUR JOURDAIN, *au Maître à danser.*

Je vous prie:..

LE MAITRE DE MUSIQUE.

Laissez-nous un peu lui apprendre à parler!

MONSIEUR JOURDAIN, *au Maître de musique.*

Mon Dieu! arrêtez-vous.

SCÈNE IV.

UN MAITRE DE PHILOSOPHIE, MONSIEUR JOURDAIN, LE MAITRE DE MUSIQUE, LE MAITRE A DANSER, LE MAITRE D'ARMES, UN LAQUAIS.

MONSIEUR JOURDAIN.

Holà! monsieur le philosophe, vous arrivez tout à propos avec votre philosophie. Venez un peu mettre la paix entre ces personnes-ci.

LE MAITRE DE PHILOSOPHIE.

Qu'est-ce donc? Qu'y a-t-il, messieurs?

MONSIEUR JOURDAIN.

Ils se sont mis en colère pour la préférence de leurs professions, jusqu'à se dire des injures et en vouloir venir aux mains.

LE MAITRE DE PHILOSOPHIE.

Eh quoi, messieurs, faut-il s'emporter de la sorte? Et n'avez-vous point lu le docte traité, que Sénèque a composé de la Colère? Y a-t-il rien de plus bas et de plus honteux que cette passion, qui fait d'un homme une bête féroce? et la raison ne doit-elle pas être maîtresse de tous nos mouvements?

LE MAITRE A DANSER.

Comment, monsieur! il vient nous dire des injures à tous deux en méprisant la danse, que j'exerce, et la musique, dont il fait profession!

LE MAITRE DE PHILOSOPHIE.

Un homme sage est au-dessus de toutes les

injures qu'on lui peut dire; et la grande réponse qu'on doit faire aux outrages, c'est la modération et la patience.

LE MAITRE D'ARMES.

Ils ont tous deux l'audace de vouloir comparer leurs professions à la mienne!

LE MAITRE DE PHILOSOPHIE.

Faut-il que cela vous émeuve? Ce n'est pas de vaine gloire et de condition que les hommes doivent disputer entre eux; et ce qui nous distingue parfaitement les uns des autres, c'est la sagesse et la vertu.

LE MAITRE A DANSER.

Je lui soutiens que la danse est une science à laquelle on ne peut faire assez d'honneur.

LE MAITRE DE MUSIQUE.

Et moi que la musique en est une que tous les siècles ont révérée.

LE MAITRE D'ARMES.

Et moi, je leur soutiens à tous deux que la science de tirer les armes est la plus belle et la plus nécessaire de toutes les sciences.

LE MAITRE DE PHILOSOPHIE.

Et que sera donc la philosophie? Je vous trouve tous trois bien impertinents de parler devant moi avec cette arrogance, et de donner impudemment le nom de science à des choses que l'on ne doit pas même honorer du nom d'art, et qui ne peuvent être comprises que sous le nom de métier misérable de gladiateur, de chanteur et de baladin.

LE MAITRE D'ARMES.

Allez, philosophe de chien!

LE MAITRE DE MUSIQUE.

Allez, belître de pédant!

LE MAITRE A DANSER.

Allez, cuistre fieffé!

LE MAITRE DE PHILOSOPHIE.

Comment, marauds que vous êtes!...

(Le philosophe se jette sur eux, et tous trois le chargent de coups.)

MONSIEUR JOURDAIN.

Monsieur le philosophe!

LE MAITRE DE PHILOSOPHIE.

Infâmes! coquins! insolents!

MONSIEUR JOURDAIN.

Monsieur le philosophe!

LE MAITRE D'ARMES.

La peste de l'animal!

MONSIEUR JOURDAIN.

Messieurs!

LE MAITRE DE PHILOSOPHIE.

Impudents!

MONSIEUR JOURDAIN.

Monsieur le philosophe!

LE MAITRE A DANSER.

Diantre soit de l'âne bâté!

MONSIEUR JOURDAIN

Messieurs!

LE MAITRE DE PHILOSOPHIE.

Scélérats !

MONSIEUR JOURDAIN.

Monsieur le philosophe!

LE MAITRE DE MUSIQUE.

Au diable l'impertinent !

MONSIEUR JOURDAIN.

Messieurs !

LE MAITRE DE PHILOSOPHIE.

Fripons ! gueux ! traîtres ! imposteurs

MONSIEUR JOURDAIN.

Monsieur le philosophe! Messieurs! Monsieur le philosophe! Messieurs! Monsieur le philosophe!

(Ils sortent en se battant.)

SCÈNE V

MONSIEUR JOURDAIN, UN LAQUAIS.

MONSIEUR JOURDAIN.

Oh! battez-vous tant qu'il vous plaira, je n'y saurais que faire, et je n'irai pas gâter ma robe pour vous séparer. Je serais bien fou de m'aller fourrer parmi eux, pour recevoir quelque coup qui me ferait mal.

SCÈNE VI

LE MAITRE DE PHILOSOPHIE, MONSIEUR JOURDAIN, UN LAQUAIS.

LE MAITRE DE PHILOSOPHIE, *raccommodant son collet.*

Venons à notre leçon.

MONSIEUR JOURDAIN.

Ah ! monsieur, je suis fâché des coups qu'ils vous ont donnés.

LE MAITRE DE PHILOSOPHIE.

Cela n'est rien. Un philosophe sait recevoir comme il faut les choses ; et je vais composer contre·eux une satire, du style de Juvénal, qui les déchirera de la belle façon. Laissons cela. Que voulez-vous apprendre?

MONSIEUR JOURDAIN.

Tout ce que je pourrai : car j'ai toutes les envies du monde d'être savant ; et j'enrage que mon père et ma mère ne m'aient pas fait bien étudier dans toutes les sciences quand j'étais jeune.

LE MAITRE DE PHILOSOPHIE.

Ce sentiment est raisonnable ; *nam, sine doctrina, vita est quasi mortis imago.* Vous entendez cela, et vous savez le latin, sans doute?

MONSIEUR JOURDAIN.

Oui : mais faites comme si je ne le savais pas ; expliquez-moi ce que cela veut dire.

LE MAITRE DE PHILOSOPHIE.

Cela veut dire que, *sans la science, la vie est presque une image de la mort.*

MONSIEUR JOURDAIN.

Ce latin-là a raison.

LE MAITRE DE PHILOSOPHIE.

N'avez-vous point quelques principes, quelques commencements des sciences?

MONSIEUR JOURDAIN.

Oh ! oui. Je sais lire et écrire.

LE MAITRE DE PHILOSOPHIE.

Par où vous plaît-il que nous commencions ? Voulez-vous que je vous apprenne la logique?

MONSIEUR JOURDAIN.

Qu'est-ce que c'est que cette logique ?

LE MAITRE DE PHILOSOPHIE.

C'est elle qui enseigne les trois opérations de l'esprit.

MONSIEUR JOURDAIN.

Qui sont-elles, ces trois opérations de l'esprit?

LE MAITRE DE PHILOSOPHIE.

La première, la seconde, et la troisième. La première est de bien concevoir, par le moyen des universaux; la seconde, de bien juger, par le moyen des catégories; et la troisième, de bien tirer une conséquence, par le moyen des figures, *Barbara, celarent, Darii, ferio, baralipton, etc.*

MONSIEUR JOURDAIN.

Voilà des mots qui sont trop rébarbatifs. Cette logique-là ne me revient point. Apprenons autre chose qui soit plus joli.

LE MAITRE DE PHILOSOPHIE.

Voulez-vous apprendre la morale?

MONSIEUR JOURDAIN.

La morale?

LE MAITRE DE PHILOSOPHIE.

Oui.

MONSIEUR JOURDAIN.

Qu'est-ce qu'elle dit, cette morale ?

LE MAITRE DE PHILOSOPHIE.

Elle traite de la félicité; enseigne aux hommes à modérer leurs passions, et...

MONSIEUR JOURDAIN.

Non, laissons cela : je suis bilieux comme tous les diables, et il n'y a morale qui tienne; je me veux mettre en colère tout mon soûl quand il m'en prend envie.

LE MAITRE DE PHILOSOPHIE.

Est-ce la physique que vous voulez apprendre?

MONSIEUR JOURDAIN.

Qu'est-ce qu'elle chante, cette physique?

LE MAITRE DE PHILOSOPHIE.

La physique est celle qui explique les principes des choses naturelles et les propriétés du corps; qui discourt de la nature des éléments, des métaux, des minéraux, des pierres, des plantes et des animaux, et nous enseigne les causes de tous les météores, l'arc-en-ciel, les feux volants, les comètes, les éclairs, le tonnerre, la foudre, la pluie, la neige, la grêle, les vents et les tourbillons.

MONSIEUR JOURDAIN.

Il y a trop de tintamarre là-dedans, trop de brouillamini.

LE MAITRE DE PHILOSOPHIE.

Que voulez-vous donc que je vous apprenne

MONSIEUR JOURDAIN.

Apprenez-moi l'orthographe.

LE MAITRE DE PHILOSOPHIE.

Très-volontiers.

MONSIEUR JOURDAIN.

Après, vous m'apprendrez l'almanach, pour savoir quand il y a de la lune, et quand il n'y en a point.

LE MAITRE DE PHILOSOPHIE.

Soit. Pour bien suivre votre pensée, et traiter cette matière en philosophe, il faut commencer, selon l'ordre des choses, par une exacte connaissance de la nature des lettres et de la différente manière de les prononcer toutes. Et là-dessus j'ai à vous dire que les lettres sont divisées en voyelles, ainsi dites voyelles parce qu'elles expriment les voix; et en consonnes, ainsi appelées consonnes parce qu'elles sonnent avec les voyelles et ne font que marquer les diverses articulations des voix. Il y a cinq voyelles ou voix, A, E, I, O, U.

MONSIEUR JOURDAIN.

J'entends tout cela.

LE MAITRE DE PHILOSOPHIE.

La voix A se forme en ouvrant fort la bouche : A.

MONSIEUR JOURDAIN.

A, A. Oui.

LE MAITRE DE PHILOSOPHIE.

La voix E se forme en rapprochant la mâchoire d'en bas de celle d'en haut : A, E.

MONSIEUR JOURDAIN.

A, E, A, E. Ma foi, oui. Ah! que cela est beau!

LE MAITRE DE PHILOSOPHIE.

Et la voix I, en rapprochant encore davantage les mâchoires l'une de l'autre, et écartant les deux coins de la bouche vers les oreilles : A, E, I.

MONSIEUR JOURDAIN.

A, E, I, I, I, I. Cela est vrai. Vive la science!

LE MAITRE DE PHILOSOPHIE.

La voix O se forme en rouvrant les mâchoires et rapprochant les lèvres par les deux coins, le haut et le bas : O.

MONSIEUR JOURDAIN.

O, O. Il n'y a rien de plus juste. A, E, I, O; I, O. Cela est admirable! I, O ; I, O.

LE MAITRE DE PHILOSOPHIE.

L'ouverture de la bouche fait justement comme un petit rond qui représente un O.

MONSIEUR JOURDAIN.

O, O, O. Vous avez raison. O. Ah! la belle chose que de savoir quelque chose!

LE MAITRE DE PHILOSOPHIE.

La voix U se forme en rapprochant les dents sans les joindre entièrement, en allongeant les deux lèvres en dehors, les approchant aussi l'une de l'autre, sans les joindre tout à fait : U.

MONSIEUR JOURDAIN.

U, U. Il n'y a rien de plus véritable. U.

LE MAITRE DE PHILOSOPHIE.

Vos deux lèvres s'allongent comme si vous faisiez la moue; d'où vient que, si vous la voulez faire à quelqu'un, et vous moquer de lui, vous ne sauriez dire que U.

MONSIEUR JOURDAIN.

U, U. Cela est vrai. Ah! que n'ai-je étudié plus tôt pour savoir tout cela!

LE MAITRE DE PHILOSOPHIE.

Demain, nous verrons les autres lettres, qui sont les consonnes.

MONSIEUR JOURDAIN.

Est-ce qu'il y a des choses aussi curieuses qu'à celles-ci?

LE MAITRE DE PHILOSOPHIE.

Sans doute. La consonne D, par exemple, se prononce en donnant du bout de la langue au-dessus des dents d'en haut : DA.

MONSIEUR JOURDAIN.

DA, DA. Oui. Ah! les belles choses! les belles choses !

LE MAITRE DE PHILOSOPHIE.

L'F, en appuyant les dents d'en haut sur la lèvre de dessous ; FA.

MONSIEUR JOURDAIN.

FA, FA. C'est la vérité. Ah, mon père et ma mère ! que je vous veux de mal !

LE MAITRE DE PHILOSOPHIE.

Et l'R, en portant le bout de la langue jusqu'au haut du palais : de sorte qu'étant frôlée par l'air qui sort avec force, elle lui cède et revient toujours au même endroit, faisant une manière de tremblement : R, RA.

MONSIEUR JOURDAIN.

R, R, RA ; R, R, R, R, R, RA. Cela est vrai. Ah, l'habile homme que vous êtes ! et que j'ai perdu de temps ! R, R, R, RA.

LE MAITRE DE PHILOSOPHIE.

Je vous expliquerai à fond toutes ces curiosités.

MONSIEUR JOURDAIN.

Je vous en prie. Au reste, il faut que je vous fasse une confidence. Je suis amoureux d'une personne de grande qualité ; et je souhaiterais que vous m'aidassiez à lui écrire quelque chose dans un petit billet que je veux laisser tomber à ses pieds.

LE MAITRE DE PHILOSOPHIE.

Fort bien.

MONSIEUR JOURDAIN.

Cela sera galant ; oui.

LE MAITRE DE PHILOSOPHIE.

Sans doute. Sont-ce des vers que vous lui voulez écrire ?

MONSIEUR JOURDAIN.

Non, non, point de vers.

LE MAITRE DE PHILOSOPHIE.

Vous ne voulez que de la prose ?

MONSIEUR JOURDAIN.

Non, je ne veux ni prose ni vers.

LE MAITRE DE PHILOSOPHIE.

Il faut bien que ce soit l'un ou l'autre.

MONSIEUR JOURDAIN.

Pourquoi ?

LE MAITRE DE PHILOSOPHIE.

Par la raison, monsieur, qu'il n'y a pou s'exprimer que la prose ou les vers.

MONSIEUR JOURDAIN.

Il n'y a que la prose ou les vers ?

LE MAITRE DE PHILOSOPHIE.

Non, monsieur. Tout ce qui n'est point prose est vers, et tout ce qui n'est point vers est prose.

MONSIEUR JOURDAIN.

Et comme l'on parle, qu'est-ce que c'est donc que cela ?

LE MAITRE DE PHILOSOPHIE.

De la prose.

MONSIEUR JOURDAIN.

Quoi! quand je dis, « Nicole, apportez-moi mes pantoufles et me donnez mon bonnet de nuit, » c'est de la prose?

LE MAITRE DE PHILOSOPHIE.

Oui, monsieur.

MONSIEUR JOURDAIN.

Par ma foi, il y a plus de quarante ans que
je dis de la prose sans que j'en susse rien ; et
je vous suis le plus obligé du monde de m'a-
voir appris cela. Je voudrais donc lui mettre
dans un billet, *Belle marquise, vos beaux yeux
me font mourir d'amour ;* mais je voudrais que
cela fût mis d'une maniere galante, que cela
fût tourné gentiment.

LE MAITRE DE PHILOSOPHIE.

Mettre, que les feux de ses yeux réduisent
votre cœur en cendre ; que vous souffrez nuit
et jour pour elle les violences d'un...

MONSIEUR JOURDAIN.

Non, non, non ; je ne veux point tout cela.
Je ne veux que ce que je vous ai dit : *Belle
marquise, vos beaux yeux me font mourir d'a-
mour.*

LE MAITRE DE PHILOSOPHIE.

Il faut bien étendre un peu la chose.

MONSIEUR JOURDAIN.

Non, vous dis-je ; je ne veux que ces seules
paroles-là dans le billet, mais tournées à la
mode, bien arrangées comme il faut. Je vous
prie de me dire un peu, pour voir, les diverses manières dont on les peut mettre.

LE MAITRE DE PHILOSOPHIE.

On peut les mettre, premièrement, comme
vous avez dit : *Belle marquise, vos beaux yeux
me font mourir d'amour ;* ou bien : *D'amour
mourir me font, belle marquise, vos beaux yeux ;*

ou bien : *Vos yeux beaux d'amour me font, belle marquise, mourir ;* ou bien : *Mourir vos beaux yeux, belle marquise, d'amour me font ;* ou bien : *Me font vos yeux beaux mourir, belle marquise, d'amour.*

MONSIEUR JOURDAIN.

Mais de toutes ces façons-là laquelle est la meilleure?

LE MAITRE DE PHILOSOPHIE.

Celle que vous avez dite : *Belle marquise, vos beaux yeux me font mourir d'amour.*

MONSIEUR JOURDAIN.

Cependant je n'ai point étudié, et j'ai fait cela tout du premier coup. Je vous remercie de tout mon cœur, et je vous prie de venir demain de bonne heure.

LE MAITRE DE PHILOSOPHIE.

Je n'y manquerai pas.

SCÈNE VII

MONSIEUR JOURDAIN, UN LAQUAIS,

MONSIEUR JOURDAIN, *à son laquais.*

Comment, mon habit n'est pas encore arrivé?

LE LAQUAIS.

Non, monsieur.

MONSIEUR JOURDAIN.

Ce maudit tailleur me fait bien attendre pour un jour où j'ai tant d'affaires. J'enrage.

Que la fièvre quartaine puisse serrer bien fort
le bourreau de tailleur! Au diable le tailleur !
La peste étouffe le tailleur! Si je le tenais
maintenant, ce tailleur détestable, ce chien de
tailleur-là, ce traître de tailleur, je...

SCÈNE VIII

MONSIEUR JOURDAIN, UN MAITRE TAIL-
LEUR; UN GARÇON TAILLEUR, *portant
l'habit de M. Jourdain;* UN LAQUAIS.

MONSIEUR JOURDAIN.

Ah! vous voilà! Je m'allais mettre en colère
contre vous.

LE MAITRE TAILLEUR.

Je n'ai pas pu venir plus tôt, et j'ai mis
vingt garçons après votre habit.

MONSIEUR JOURDAIN.

.Vous m'avez envoyé des bas de soie si
étroits que j'ai eu toutes les peines du monde à les mettre, et il y a déjà deux mailles de
rompues.

LE MAITRE TAILLEUR.

Ils ne s'élargiront que trop.

MONSIEUR JOURDAIN.

Oui, si je romps toujours des mailles. Vous
m'avez aussi fait faire des souliers qui me
blessent furieusement.

LE MAITRE TAILLEUR.

Point du tout, monsieur.

MONSIEUR JOURDAIN.

Comment, point du tout!

LE MAITRE TAILLEUR.

Non, ils ne vous blessent point.

MONSIEUR JOURDAIN.

Je vous dis qu'ils me blessent, moi.

LE MAITRE TAILLEUR.

Vous vous imaginez cela.

MONSIEUR JOURDAIN.

Je me l'imagine parce que je le sens. Voyez
la belle raison!

LE MAITRE TAILLEUR.

Tenez, voilà le plus bel habit de la cour et
le mieux assorti. C'est un chef-d'œuvre que
d'avoir inventé un habit sérieux qui ne fût
pas noir; et je le donne en six coups aux
tailleurs les plus éclairés.

MONSIEUR JOURDAIN.

Qu'est-ce que c'est que ceci? vous avez mis
les fleurs en en-bas.

LE MAITRE TAILLEUR.

Vous ne m'avez point dit que vous les vouliez en en-haut.

MONSIEUR JOURDAIN.

Est-ce qu'il faut dire cela?

LE MAITRE TAILLEUR.

Oui vraiment. Toutes les personnes de qualité les portent de la sorte.

MONSIEUR JOURDAIN.

Les personnes de qualité portent les fleurs
en en-bas?

LE MAITRE TAILLEUR.

Oui, monsieur.

MONSIEUR JOURDAIN.

Oh! voilà qui est donc bien.

LE MAITRE TAILLEUR.

Si vous voulez, je les mettrai en en-haut.

MONSIEUR JOURDAIN.

Non, non.

LE MAITRE TAILLEUR.

Vous n'avez qu'à dire.

MONSIEUR JOURDAIN.

Non, vous dis-je; vous avez bien fait.
Croyez-vous que l'habit m'aille bien?

LE MAITRE TAILLEUR.

Belle demande! Je défie un peintre avec son
pinceau de vous faire rien de plus juste. J'ai
chez moi un garçon qui, pour monter une
rheingrave, est le plus grand génie du monde; et un autre qui, pour assembler un pour-
point, est le héros de notre temps.

MONSIEUR JOURDAIN.

La perruque et les plumes sont-elles comme
il faut?

LE MAITRE TAILLEUR.

Tout est bien.

MONSIEUR JOURDAIN, *regardant l'habit du tailleur.*

Ah, ah! monsieur le tailleur, voilà de mon

étoffe du dernier habit que vous m'avez fait.
Je la reconnais bien.

LE MAITRE TAILLEUR.

C'est que l'étoffe me sembla si belle, que
j'en ai voulu lever un habit pour moi.

MONSIEUR JOURDAIN.

Oui ; mais il ne fallait pas le lever avec le
mien.

LE MAITRE TAILLEUR.

Voulez-vous mettre votre habit ?

MONSIEUR JOURDAIN.

Oui ; donnez-le-moi.

LE MAITRE TAILLEUR.

Attendez : cela ne va pas comme cela. J'ai
amené des gens pour vous habiller en cadence ; et ces sortes d'habits se mettent en cérémonie. Holà ! entrez, vous autres.

SCÈNE IX

MONSIEUR JOURDAIN, LE MAITRE TAIL-
LEUR, LE GARÇON TAILLEUR ; GAR-
ÇONS TAILLEURS *dansants*, UN LA-
QUAIS.

LE MAITRE TAILLEUR, *à ses garçons*.

Mettez cet habit à monsieur, de la manière
que vous faites aux personnes de qualité.

PREMIÈRE ENTRÉE DE BALLET.

Les quatre garçons tailleurs dansants s'approchent de monsieur Jourdain. Deux lui arrachent le haut-de-chausses de ses exercices, les deux autres lui ôtent la camisole ; après quoi, toujours en cadence, ils lui mettent son habit neuf. Monsieur Jourdain se promène au milieu d'eux et leur montre son habit pour voir s'il est bien fait.

GARÇON TAILLEUR.

Mon gentilhomme, donnez, s'il vous plaît, aux garçons quelque chose pour boire.

MONSIEUR JOURDAIN.

Comment m'appelez-vous ?

GARÇON TAILLEUR.

Mon gentilhomme.

MONSIEUR JOURDAIN.

Mon gentilhomme ! Voilà ce que c'est que de se mettre en personne de qualité. Allez-vous-en demeurer toujours en bourgeois, on ne vous dira point mon gentilhomme. (*Donnant de l'argent.*) Tenez, voilà pour mon gentilhomme.

GARÇON TAILLEUR,

Monseigneur, nous vous sommes bien obligés.

MONSIEUR JOURDAIN.

Monseigeur ! Oh, oh ! monseigneur ! Attendez, mon ami, monseigneur mérite quelque chose ; et ce n'est pas une petite parole que monseigneur. Tenez, voilà ce que monseigneur vous donne.

GARÇON TAILLEUR.

Monseigneur, nous allons boire tous à la santé de votre grandeur.

MONSIEUR JOURDAIN.

Votre grandeur! Oh, oh, oh! Attendez; ne vous en allez pas. A moi, votre grandeur! (*bas, à part.*) Ma foi, s'il va jusqu'à l'altesse, il aura toute la bourse. (*Haut.*) Tenez, voilà pour ma grandeur.

GARÇON TAILLEUR.

Monseigneur, nous la remercions très-humblement de ses libéralités.

MONSIEUR JOURDAIN.

Il a bien fait, je lui allais tout donner.

SCÈNE X

DEUXIÈME ENTRÉE DE BALLET.

Les quatre garçons tailleurs se réjouissent, en dansant, de la libéralité de M. Jourdain.

FIN DU SECOND ACTE.

ACTE TROISIEME.

SCÈNE I

MONSIEUR JOURDAIN, DEUX LAQUAIS.

MONSIEUR JOURDAIN.

Suivez-moi, que j'aille un peu montrer mon habit par la ville ; et surtout ayez soin tous deux de marcher immédiatement sur mes pas afin qu'on voie bien que vous êtes à moi.

LAQUAIS.

Oui, monsieur.

MONSIEUR JOURDAIN.

Appelez-moi Nicole, que je lui donne quelques ordres. Ne bougez, la voilà.

SCÈNE II

MONSIEUR JOURDAIN, NICOLE, DEUX LAQUAIS.

MONSIEUR JOURDAIN.

Nicole !

NICOLE.

Plaît-il ?

MONSIEUR JOURDAIN.

Ecoutez.

NICOLE, *riant.*

Hi, hi, hi, hi, hi.

MONSIEUR JOURDAIN.

Qu'as-tu à rire?

NICOLE.

Hi, hi, hi, hi, hi, hi.

MONSIEUR JOURDAIN.

Que veut dire cette coquine-là?

NICOLE.

Hi, hi, hi. Comme vous voilà bâti! Hi, hi, hi.

MONSIEUR JOURDAIN.

Comment donc?

NICOLE.

Ah, ah! Mon Dieu! Hi, hi, hi, hi.

MONSIEUR JOURDAIN.

Quelle friponne est-ce là! te moques-tu de moi?

NICOLE.

Nenni, monsieur; j'en serais bien fâchée. Hi, hi, hi, hi, hi, hi.

MONSIEUR JOURDAIN.

Je te baillerai sur le nez si tu ris davantage.

NICOLE.

Monsieur, je ne puis pas m'en empêcher. Hi, hi, hi, hi, hi, hi.

MONSIEUR JOURDAIN.

Tu ne t'arrêteras pas?

NICOLE.

Monsieur, je vous demande pardon; mais vous êtes si plaisant que je ne me saurais tenir de rire. Hi, hi, hi.

MONSIEUR JOURDAIN.

Mais voyez quelle insolence!

NICOLE.

Vous êtes tout à fait drôle comme cela. Hi, hi.

MONSIEUR JOURDAIN.

Je te...

NICOLE.

Je vous prie de m'excuser. Hi, hi, hi, hi.

MONSIEUR JOURDAIN.

Tiens, si tu ris le moins du monde, je te jure que je t'appliquerai sur la joue le plus grand soufflet qui se soit jamais donné.

NICOLE.

Eh bien, monsieur, voilà qui est fait, je ne rirai plus.

MONSIEUR JOURDAIN.

Prends-y bien garde. Il faut que, pour tantôt, tu nettoies...

NICOLE.

Hi, hi.

MONSIEUR JOURDAIN.

Que tu nettoies comme il faut...

NICOLE.

Hi, hi.

MONSIEUR JOURDAIN.

Il faut, dis-je, que tu nettoies la salle, et...

NICOLE.

Hi, hi.

MONSIEUR JOURDAIN.

Encore?

NICOLE, *tombant à force de rire.*

Tenez, monsieur, battez-moi plutôt, et me laissez rire tout mon saoûl; cela me fera plus de bien. Hi, hi, hi, hi.

MONSIEUR JOURDAIN.

J'enrage.

NICOLE.

De grâce, monsieur, je vous prie de me laisser rire. Hi, hi, hi.

MONSIEUR JOURDAIN,

Si je te prends...

NICOLE.

Monsieur, je crèverai, ai, si je ne ris. Hi, hi, hi.

MONSIEUR JOURDAIN.

Mais a-t-on jamais vu une pendarde comme celle-là, qui me vient rire insolemment au nez, au lieu de recevoir mes ordres?

NICOLE.

Que voulez-vous que je fasse, monsieur?

MONSIEUR JOURDAIN.

Que tu songes, coquine, à préparer ma maison pour la compagnie qui doit venir tantôt.

NICOLE, *se relevant.*

Ah! par ma foi, je n'ai plus envie de rire; et toutes vos compagnies font tant de désordres céans, que ce mot est assez pour me mettre en mauvaise humeur.

MONSIEUR JOURDAIN.

Ne dois-je point, pour toi, fermer ma porte à tout le monde?

NICOLE.

Vous devriez, au moins, la fermer à certaines gens.

SCÈNE III

MADAME JOURDAIN, MONSIEUR JOURDAIN, NICOLE, DEUX LAQUAIS.

MADAME JOURDAIN.

Ah, ah! voici une nouvelle histoire! Qu'est-ce que c'est donc, mon mari, que cet équipage-là? Vous moquez-vous du monde, de vous être fait enharnacher de la sorte? et avez-vous envie qu'on se raille partout de vous?

MONSIEUR JOURDAIN.

Il n'y a que des sots et des sottes, ma femme, qui se railleront de moi.

MADAME JOURDAIN.

Vraiment, on n'a pas attendu jusqu'à cette heure; et il y a longtemps que vos façons de faire donnent à rire à tout le monde.

MONSIEUR JOURDAIN.

Qui est donc ce monde-là, s'il vous plaît?

MADAME JOURDAIN.

Tout ce monde-là est un monde qui a rai-

son, et qui est plus sage que vous. Pour moi,
je suis scandalisée de la vie que vous menez.
Je ne sais plus ce que c'est que notre maison :
on dirait qu'il est céans carême-prenant tous
les jours ; et dès le matin, de peur d'y man-
quer, on y entend des vacarmes de violons et
de chanteurs dont tout le voisinage se trouve
incommodé.

NICOLE.

Madame parle bien. Je ne saurais plus voir
mon ménage propre avec cet attirail de gens
que vous faites venir chez vous. Ils ont des
pieds qui vont chercher de la boue dans tous
les quartiers de la ville pour l'apporter ici ; et
la pauvre Françoise est presque sur les dents
à frotter les planchers que vos biaux maîtres
viennent crotter régulièrement tous les jours.

MONSIEUR JOURDAIN.

Ouais ! notre servante Nicole, vous avez le
caquet bien affilé pour une paysanne.

MADAME JOURDAIN.

Nicole a raison, et son sens est meilleur que
le vôtre. Je voudrais bien savoir ce que vous
pensez faire d'un maître à danser à l'âge que
vous avez.

NICOLE.

Et d'un grand maître tireur d'armes qui vient,
avec ses battements de pieds, ébranler toute
la maison et nous déraciner tous les carriaux
de notre salle.

MONSIEUR JOURDAIN.

Taisez-vous, ma servante et ma femme.

MADAME JOURDAIN.

Est-ce que vous voulez apprendre à danser pour quand vous n'aurez plus de jambes?

NICOLE.

Est-ce que vous avez envie de tuer quelqu'un?

MONSIEUR JOURDAIN.

Taisez-vous, vous dis-je; vous êtes des ignorantes l'une et l'autre; et vous ne savez pas les prérogatives de tout cela.

MADAME JOURDAIN.

Vous devriez bien plutôt songer à marier votre fille, qui est en âge d'être pourvue.

MONSIEUR JOURDAIN.

Je songerai à marier ma fille quand il se présentera un parti pour elle; mais je veux songer aussi à apprendre les belles choses.

NICOLE.

J'ai encore ouï dire, madame, qu'il a pris aujourd'hui, pour renfort de potage, un maître de philosophie.

MONSIEUR JOURDAIN.

Fort bien. Je veux avoir de l'esprit et savoir raisonner des choses parmi les honnêtes gens.

MADAME JOURDAIN.

N'irez-vous point l'un de ces jours au collége vous faire donner le fouet, à votre âge?

MONSIEUR JOURDAIN.

Pourquoi non? Plût à Dieu l'avoi tout à

l'heure le fouet devant tout le monde, et savoir ce qu'on apprend au collége !

NICOLE.

Oui, ma foi, cela vous rendrait la jambe bien
mieux faite.

MONSIEUR JOURDAIN.

Sans doute.

MADAME JOURDAIN.

Tout cela est fort nécessaire pour conduire
votre maison.

MONSIEUR JOURDAIN.

Assurément. Vous parlez toutes deux
comme des bêtes et j'ai honte de votre ignorance. Par exemple, (*A madame Jourdain*) savez-vous, vous, ce que c'est que vous dites à
cette heure ?

MADAME JOURDAIN.

Oui, je sais que ce que dis est fort bien,
et que vous devriez songer à vivre d'autre
sorte.

MONSIEUR JOURDAIN.

Je ne parle pas de cela. Je vous demande
ce que c'est que les paroles que vous dites
ici.

MADAME JOURDAIN.

Ce sont des paroles bien sensées, et votre
conduite ne l'est guère.

MONSIEUR JOURDAIN.

Je ne parle pas de cela, vous dis-je. Je vous
demande ce que je parle avec vous, ce que je
vous dis à cette heure, qu'est-ce que c'est ?

MADAME JOURDAIN.

Des chansons.

MONSIEUR JOURDAIN.

Hé non! ce n'est pas cela. Ce que nous disons tous deux? le langage que nous parlons à cette heure?...

MADAME JOURDAIN.

Eh bien?

MONSIEUR JOURDAIN.

Comment est-ce que cela s'appelle?

MADAME JOURDAIN.

Cela s'appelle comme on veut l'appeler.

MONSIEUR JOURDAIN.

C'est de la prose, ignorante.

MADAME JOURDAIN.

De la prose?

MONSIEUR JOURDAIN.

Oüi, de la prose. Tout ce qui est prose n'est point vers et tout ce qui n'est point vers est prose. Et voilà ce que c'est que d'étudier! (*à Nicole.*) Et toi, sais-tu bien comme il faut faire pour dire un U?

NICOLE.

Comment?

MONSIEUR JOURDAIN.

Oui, qu'est-ce que tu fais quand tu dis un U?

NICOLE.

Quoi?

MONSIEUR JOURDAIN.

Dis un peu U, pour voir.

NICOLE.

Eh bien, U.

MONSIEUR JOURDAIN.

Qu'est-ce que tu fais?

NICOLE.

Je dis U.

MONSIEUR JOURDAIN.

Oui, mais quand tu dis U, qu'est-ce que tu fais?

NICOLE.

Je fais ce que vous me dites?

MONSIEUR JOURDAIN.

Oh! l'étrange chose que d'avoir affaire à des bêtes! Tu allonges les lèvres en dehors, et approches la mâchoire d'en haut de celle d'en bas. U, vois-tu? je fais la moue, U.

NICOLE.

Oui, cela est biau!

MADAME JOURDAIN.

Voilà qui est admirable!

MONSIEUR JOURDAIN.

C'est bien autre chose, si vous aviez vu O, et DA, DA. et FA, FA.

MADAME JOURDAIN.

Qu'est-ce que c'est donc que tout ce galimatias-là?

NICOLE.

De quoi est-ce que tout cela guérit?

MONSIEUR JOURDAIN.

J'enrage quand je vois des femmes ignorantes.

MADAME JOURDAIN.

Allez, vous devriez envoyer promener tous ces gens-là avec leurs fariboles.

NICOLE.

Et surtout ce grand escogriffe de maître d'armes, qui remplit de poudre tout mon ménage.

MONSIEUR JOURDAIN.

Ouais! ce maître d'armes vous tient bien au cœur! Je veux te faire voir ton impertinence tout à l'heure *(après avoir fait apporter les fleurets, et en avoir donné un à Nicole.)* Tiens ; raison démonstrative ; la ligne du corps. Quand on pousse en quarte, on n'a qu'à faire cela; et, quand on pousse en tierce, on n'a qu'à faire cela. Voilà le moyen de n'être jamais tué ; et cela n'est-il pas beau d'être assuré de son fait, quand on se bat contre quelqu'un? Là, pousse-moi un peu, pour voir.

NICOLE.

Eh bien, quoi ? *(Nicole pousse plusieurs bottes à monsieur Jourdain)*

MONSIEUR JOURDAIN.

Tout beau! Holà! Oh! doucement. Diantre soit la coquine !

NICOLE.

Vous me dites de pousser.

MONSIEUR JOURDAIN.

Oui; mais tu me pousses en tierce avant que de me pousser en quarte, et tu n'as pas la patience que je pare.

MADAME JOURDAIN.

Vous êtes fou, mon mari, avec toutes vos fantaisies ; et cela vous est venu depuis que vous vous mêlez de hanter la noblesse.

MONSIEUR·JOURDAIN.

Lorsque je hante la noblesse je fais paraître mon jugement ; et cela est plus beau que de hanter votre bourgeoisie.

MADAME JOURDAIN.

Ça non vraiment! il y a fort à gagner à fréquenter vos nobles! et vous avez bien opéré avec ce beau monsieur le comte, dont vous êtes embéguiné.

MONSIEUR JOURDAIN.

Paix! Songez à ce que vous dites. Savez-vous bien, ma femme, que vous ne savez pas de qui vous parlez quand vous parlez de lui? C'est une personne d'importance plus que vous ne pensez, un seigneur que l'on considère à la cour, et qui parle au roi tout comme je vous parle. N'est-ce pas une chose qui m'est tout à fait honorable, que l'on voie venir chez moi si souvent une personne de cette qualité, qui m'appelle son cher ami, et me traite comme si j'étais son égal? Il a pour moi des bontés qu'on ne devinerait jamais : et, devant tout le monde, il me fait des caresses dont je suis moi-même confus.

MADAME·JOURDAIN.

Oui, il a des bontés pour vous et vous fait des caresses ; mais il vous emprunte votre argent.

MONSIEUR JOURDAIN.

`Eh bien! ne m'est-ce pas de l'honneur de prêter de l'argent à un homme de cette condition-là? et puis-je faire moins pour un seigneur qui m'appelle son cher ami?

MADAME JOURDAIN.

Et ce seigneur, que fait-il pour vous?

MONSIEUR JOURDAIN.

Des choses dont on serait étonné si on les savait.

MADAME JOURDAIN.

Et quoi?

MONSIEUR JOURDAIN.

Baste! je ne puis pas m'expliquer. Il suffit que si je lui ai prêté de l'argent il me le rendra bien, et avant qu'il soit peu.

MADAME JOURDAIN.

Oui, attendez-vous à cela.

MONSIEUR JOURDAIN.

Assurément. Ne me l'a-t-il pas dit?

MADAME JOURDAIN.

Oui, oui; il ne manquera pas d'y faillir.

MONSIEUR JOURDAIN.

Il ma juré sa foi de gentilhomme.

MADAME JOURDAIN.

Chansons!

MONSIEUR JOURDAIN.

Ouais! vous êtes bien obstinée, ma femme.

Je vous dis qu'il me tiendra sa parole, j'en suis sûr.

MADAME JOURDAIN.

Et moi je suis sûre que non, et que toutes les caresses qu'il vous fait ne sont que pour vous enjôler.

MONSIEUR JOURDAIN.

Taisez-vous ; le voici.

MADAME JOURDAIN.

Il ne nous faut plus que cela. Il vient peut-être encore vous faire quelque emprunt; et il me semble que j'ai dîné quand je le vois.

MONSIEUR JOURDAIN.

Taisez-vous, vous dis-je.

SCÈNE IV

DORANTE, MONSIEUR JOURDAIN, MA-DAME JOURDAIN, NICOLE.

DORANTE.

Mon cher ami monsieur Jourdain, comment vous portez-vous ?

MONSIEUR JOURDAIN.

Fort bien, monsieur, pour vous rendre mes petits services.

DORANTE.

Et madame Jourdain, que voilà, comment se porte-t-elle ?

MADAME JOURDAIN.

Madame Jourdain se porte comme elle peut.

DORANTE.

Comment! monsieur Jourdain, vous voilà le plus propre du monde.

MONSIEUR JOURDAIN.

Vous voyez.

DORANTE.

Vous avez tout à fait bon air avec cet habit; nous n'avons point de jeunes gens à la cour qui soient mieux faits que vous.

MONSIEUR JOURDAIN.

Hai, hai!

MADAME JOURDAIN, *à part.*

Il le gratte par où il se démange.

DORANTE.

Tournez-vous. Cela est tout a fait galant.

MADAME JOURDAIN, *à part.*

Oui, aussi sot par derriere que par devant.

DORANTE.

Ma foi, monsieur Jourdain, j'avais une impatience étrange de vous voir. Vous êtes l'homme du monde que j'estime le plus, et je parlais de vous encore ce matin dans la chambre du roi.

MONSIEUR JOURDAIN.

Vous me faites beaucoup d'honneur, monsieur. (*A madame Jourdain.*) Dans la chambre du roi!

DORANTE.

Allons, mettez.

MONSIEUR JOURDAIN.

Monsieur, je sais le respect que je vous dois.

DORANTE.

Mon Dieu! mettez. Point de cérémonie entre nous, je vous prie.

MONSIEUR JOURDAIN.

Monsieur...

DORANTE.

Mettez, vous dis-je, monsieur Jourdain, vous êtes mon ami.

MONSIEUR JOURDAIN.

Monsieur, je suis votre serviteur.

DORANTE.

Je ne me couvrirai point si vous ne vous couvrez.

MONSIEUR JOURDAIN, *se couvrant.*

J'aime mieux être incivil qu'importun.

DORANTE.

Je suis votre débiteur, comme vous le savez.

MADAME JOURDAIN, *à part.*

Oui, nous ne le savons que trop.

DORANTE.

Vous m'avez généreusement prêté de l'argent en plusieurs occasions; et vous m'avez obligé de la meilleure grâce du monde, assurément.

MONSIEUR JOURDAIN.

Monsieur, vous vous moquez.

DORANTE.

Mais je sais rendre ce qu'on me prête, et reconnaître les plaisirs qu'on me fait.

MONSIEUR JOURDAIN.

Je n'en doute point, monsieur.

DORANTE.

Je veux sortir d'affaire avec vous; et je viens ici pour faire nos comptes ensemble.

MONSIEUR JOURDAIN, *bas à madame Jourdain.*

Eh bien! vous voyez votre impertinence, ma femme.

DORANTE.

Je suis homme qui aime à m'acquitter le plus tôt que je puis.

MONSIEUR JOURDAIN, *bas à madame Jourdain.*

Je vous le disais bien.

DORANTE.

Voyons un peu ce que je vous dois.

MONSIEUR JOURDAIN, *bas à madame Jourdain.*

Vous voilà avec vos soupçons ridicules!

DORANTE.

Vous souvenez-vous bien de tout l'argen que vous m'avez prêté?

MONSIEUR JOURDAIN.

Je crois que oui. J'en ai fait un petit mémoire. Le voici. Donné à vous, une fois, deux cents louis.

DORANTE.

Cela est vrai.

MONSIEUR JOURDAIN.

Une autre fois, six-vingts.

DORANTE.

Oui.

MONSIEUR JOURDAIN.

Une autre fots, cent quarante.

DORANTE.

Vous avez raison.

MONSIEUR JOURDAIN.

Ces trois articles font quatre cent soixante louis, qui valent cinq mille soixante livres.

DORANTE.

Ce compte est fort bon. Cinq mille soixante livres.

MONSIEUR JOURDAIN.

Mille huit cent trente-deux livres à votre plumassier.

DORANTE.

Justement.

MONSIEUR JOURDAIN.

Deux mille sept cent quatre-vingts livres à votre tailleur.

DORANTE.

Il est vrai.

MONSIEUR JOURDAIN.

Quatre mille trois cent septante-neuf livres douze sous huit deniers à votre marchand.

DORANTE.

Fort bien. Douze sous huit deniers. Le compte est juste.

MONSIEUR JOURDAIN.

Et mille sept cent quarante-huit livres sept sous quatre deniers à votre sellier.

DORANTE.

Tout cela est véritable. Qu'est-ce que cela fait ?

MONSIEUR JOURDAIN.

Somme totale, quinze mille huit cents livres.

DORANTE.

Somme totale est juste. Quinze mille huit cents livres. Mettez encore deux cents louis que vous m'allez donner; cela fera juste dix-huit mille francs, que je vous payerai au premier jour.

MADAME JOURDAIN, *bas à monsieur Jourdain.*

Eh bien, ne l'avais-je pas bien deviné ?

MONSIEUR JOURDAIN, *bas à madame Jourdain.*

Paix !

DORANTE.

Cela vous incommodera-t-il de me donner ce que je vous dis?

MONSIEUR JOURDAIN.

Hé, non !

MADAME JOURDAIN, *bas à monsieur Jourdain.*

Cet homme-là fait de vous une vache à lait.

MONSIEUR JOURDAIN, *bas à madame Jourdain.*
Taisez-vous.

DORANTE.

Si cela vous incommode, j'en irai chercher ailleurs.

MONSIEUR JOURDAIN.

Non, monsieur.

MADAME JOURDAIN, *bas à monsieur Jourdain.*
Il ne sera pas content qu'il ne vous ait ruiné.

MONSIEUR JOURDAIN, *bas à madame Jourdain.*
Taisez-vous, vous dis-je.

DORANTE.

Vous n'avez qu'à me dire que cela vous embarrasse.

MONSIEUR JOURDAIN.

Point, monsieur.

MADAME JOURDAIN, *bas à monsieur Jourdain.*
C'est un vrai enjôleur.

MONSIEUR JOURDAIN, *bas à madame Jourdain.*
Taisez-vous donc.

MADAME JOURDAIN, *bas à monsieur Jourdain.*
Il vous sucera jusqu'au dernier sou.

MONSIEUR JOURDAIN, *bas à madame Jourdain.*
Vous tairez-vous?

DORANTE.

J'ai force gens qui m'en prêteraient avec joie; mais, comme vous êtes mon meilleur ami, j'ai cru que je vous ferais tort si j'en demandais à quelque autre.

MONSIEUR JOURDAIN.

C'est trop d'honneur, monsieur, que vous me faites. Je vais quérir votre affaire.

MADAME JOURDAIN, *bas à monsieur Jourdain.*

Quoi ! vous allez encore lui donner cela ?

MONSIEUR JOURDAIN, *bas à madame Jourdain.*

Que faire ? Voulez-vous que je refuse un homme de cette condition-là, qui a parlé de moi ce matin dans la chambre du roi ?

MADAME JOURDAIN, *bas à monsieur Jourdain.*

Allez, vous êtes une vraie dupe.

SCÈNE V

DORANTE, MADAME JOURDAIN, NICOLE.

DORANTE.

Vous me semblez toute mélancolique. Qu'avous, madame Jourdain ?

MADAME JOURDAIN.

J'ai la tête plus grosse que le poing, et si elle n'est pas enflée.....

DORANTE.

Mademoiselle votre fille, où est-elle, que je ne la vois point ?

MADAME JOURDAIN.

Mademoiselle ma fille est bien où elle est.

DORANTE.

Comment se porte-t-elle?

MADAME JOURDAIN.

Elle se porte sur ses deux jambes.

DORANTE.

Ne voulez-vous point, un de ces jours, venir voir avec elle le ballet et la comédie que l'on fait chez le roi?

MADAME JOURDAIN.

Oui, vraiment, nous avons fort envie de rire; fort envie de rire nous avons!

DORANTE.

Je pense, madame Jourdain, que vous avez eu bien des amants dans votre jeune âge, belle et d'agréable humeur comme vous étiez.

MADAME JOURDAIN.

Tredame, monsieur! est-ce que madame Jourdain est décrépite? et la tête lui grouille-t-elle déjà?

DORANTE.

Ah, ma foi, madame Jourdain, je vous demande pardon; je ne songeais pas que vous êtes jeune; et je rêve le plus souvent. Je vous prie d'excuser mon impertinence.

SCÈNE VI

MONSIEUR JOURDAIN, MADAME JOURDAIN, DORANTE, NICOLE.

MONSIEUR JOURDAIN, à Dorante.

Voilà deux cents louis bien comptés.

DORANTE.

Je vous assure, monsieur Jourdain, que je
suis tout à vous, et que je brûle de vous rendre un service à la cour.

MONSIEUR JOURDAIN.

Je vous suis trop obligé.

DORANTE.

Si madame Jourdain veut voir le divertissement royal, je lui ferai donner les meilleures
places de la salle.

MADAME JOURDAIN.

Madame Jourdain vous baise les mains.

DORANTE, *bas à monsieur Jourdain.*

Notre belle marquise, comme je vous ai
mandé par mon billet, viendra tantôt ici pour
le ballet et le repas; et je l'ai fait consentir
enfin au cadeau que vous lui voulez donner.

MONSIEUR JOURDAIN.

Tirons-nous un peu plus loin, pour cause.

DORANTE.

Il y a huit jours que je ne vous ai vu, et je ne
vous ai point mandé de nouvelles du diamant
que vous me mîtes entre les mains pour lui
en faire présent de votre part; mais c'est que
j'ai eu toutes les peines du monde à vaincre
son scrupule; et ce n'est que d'aujourd'hui
qu'elle s'est résolue à l'accepter.

MONSIEUR JOURDAIN.

Comment l'a-t-elle trouvé?

DORANTE.

Merveilleux! et je me trompe fort, ou la
beauté de ce diamant fera pour vous sur son
esprit un effet admirable.

MONSIEUR JOURDAIN.

Plût au ciel!

MADAME JOURDAIN, *à Nicole*.

Quand il est une fois avec lui, il ne peut le
quitter.

DORANTE.

Je lui ai fait valoir comme il faut la richesse
de ce présent et la grandeur de votre amour.

MONSIEUR JOURDAIN.

Ce sont, monsieur, des bontés qui m'acca-
blent; et je suis dans une confusion la plus
grande du monde, de voir une personne de
votre qualité s'abaisser pour moi à ce que
vous faites.

DORANTE.

Vous moquez-vous? est-ce qu'entre amis on
s'arrête à ces sortes de scrupules? et ne feriez-
vous pas pour moi la même chose si l'occa-
sion s'en offrait?

MONSIEUR JOURDAIN.

Oh! assurément, et de très-grand cœur.

MADAME JOURDAIN, *bas à Nicole*.

Que sa présence me pèse sur les épaules!

DORANTE.

Pour moi, je ne regarde rien quand il faut
servir un ami; et lorsque vous me fîtes con-

fidence de l'ardeur que vous aviez prise pour
cette marquise agréable chez qui j'avais commerce, vous vîtes que d'abord je m'offris de
moi-même à servir votre amour.

MONSIEUR JOURDAIN.

Il est vrai. Ce sont des bontés qui me con-
fondent.

MADAME JOURDAIN, *à Nicole.*

Est-ce qu'il ne s'en ira point ?

NICOLE.

Ils se trouvent bien ensemble.

DORANTE.

Vous avez pris le bon biais pour toucher son
cœur. Les femmes aiment surtout les dépenses
qu'on fait pour elles ; et vos fréquentes sérénades, et vos bouquets continuels, ce superbe
feu d'artifice qu'elle trouva sur l'eau, le diamant qu'elle a reçu de votre part, et le cadeau que vous lui préparez, tout cela lui parle
bien mieux en faveur de votre amour que
toutes les paroles que vous auriez pu lui dire
vous-même.

MONSIEUR JOURDAIN.

Il n'y a pas de dépense que je ne fisse, si
par là je pouvais trouver le chemin de son
cœur. Une femme de qualité a pour moi des
charmes ravissants ; et c'est un honneur que
j'achèterais au prix de toutes choses.

MADAME JOURDAIN, *bas à Nicole.*

Que peuvent-ils tant dire ensemble ? Va-t'en
un peu tout doucement prêter l'oreille.

DORANTE.

Ce sera tantôt que vous jouirez à votre aise du plaisir de sa vue ; et vos yeux auront tout le temps de se satisfaire.

MONSIEUR JOURDAIN.

Pour être en pleine liberté, j'ai fait en sorte que ma femme ira dîner chez ma sœur, où elle passera toute l'après-dînée.

DORANTE.

Vous avez fait prudemment, et votre femme aurait pu nous embarrasser. J'ai donné pour vous l'ordre qu'il faut au cuisinier, et à toutes les choses qui sont nécessaires pour le ballet. Il est de mon invention ; et pourvu que l'exécution puisse répondre à l'idée, je suis sûr qu'il sera trouvé...

MONSIEUR JOURDAIN, *s'apercevant que Nicole écoute et lui donnant un soufflet.*

Ouais, vous êtes bien impertinente ! (*à Dorante.*) Sortons, s'il vous plaît.

SCÈNE VII

MADAME JOURDAIN, NICOLE.

NICOLE.

Ma foi, madame, la curiosité m'a coûté quelque chose ; mais je crois qu'il y a quelque anguille sous roche, et ils parlent de quelque affaire où ils ne veulent pas que vous soyez.

MADAME JOURDAIN.

Ce n'est pas d'aujourd'hui, Nicole, que j'ai

conçu des soupçons de mon mari. Je suis la plus trompée du monde, ou il y a quelque amour en campagne, et je travaille à découvrir ce que ce peut être. Mais songeons à ma fille. Tu sais l'amour que Cléonte a pour elle : c'est un homme qui me revient, et je veux aider sa recherche, et lui donner Lucile, si je puis.

NICOLE.

En vérité, madame, je suis la plus ravie du monde de vous voir dans ces sentiments ; car si le maître vous revient, le valet ne me revient pas moins, et je souhaiterais que notre mariage se pût faire à l'ombre du leur.

MADAME JOURDAIN.

Va-t'en lui parler de ma part et lui dire que tout à l'heure il me vienne trouver, pour faire ensemble à mon mari la demande de ma fille.

NICOLE.

J'y cours, madame, avec joie ; et je ne pouvais recevoir une commission plus agréable. (*Seule.*) Je vais, je pense, bien réjouir les gens.

SCÈNE VIII

CLÉONTE, COVIELLE, NICOLE.

NICOLE, *à Cléonte.*

Ah ! vous voilà tout à propos. Je suis une ambassadrice de joie, et je viens...

CLÉONTE.

Retire-toi, perfide ! et ne me viens pas amuser avec tes traîtresses paroles.

NICOLE.

Est-ce ainsi que vous recevez....

CLÉONTE.

Retire-toi, te dis-je, et va-t'en de ce pas dire à ton infidèle maîtresse qu'elle n'abusera de sa vie le trop simple Cléonte.

NICOLE.

Quel vertigo est-ce donc là ? Mon pauvre Covielle, dis-moi un peu ce que cela veut dire.

COVIELLE.

Ton pauvre Covielle, petite scélérate ! Allons vite, ôte-toi de mes yeux, vilaine, et me laisse en repos.

NICOLE.

Quoi ! tu me viens aussi...

COVIELLE.

Ote-toi de mes yeux, te dis-je, et ne me parle de ta vie.

NICOLE, *à part.*

Ouais ! quelle mouche les a piqués tous deux ? Allons de cette belle histoire informer ma maîtresse.

SCÈNE IX

CLÉONTE, COVIELLE.

CLÉONTE.

Quoi ! traiter un amant de la sorte ! et un amant le plus fidèle et le plus passionné de tous les amants !

COVIELLE.

C'est une chose épouvantable que ce qu'on nous fait à tous deux.

CLÉONTE.

Je fais voir pour une personne toute l'ardeur et toute la tendresse qu'on peut imaginer ; je n'aime rien au monde qu'elle, et je n'ai qu'elle dans l'esprit ; elle fait tous mes soins, tous mes désirs, toute ma joie ; je ne parle que d'elle, je ne pense qu'à elle, je ne fais des songes que d'elle, je ne respire que par elle, mon cœur vit tout en elle : et voilà de tant d'amitié la digne récompense ! Je suis deux jours sans la voir, qui sont pour moi deux siècles effroyables ; je la rencontre par hasard : mon cœur à cette vue se sent tout transporté, ma joie éclate sur mon visage, je vole avec ravissement vers elle ; et l'infidèle détourne de moi ses regards, et passe brusquement, comme si de sa vie elle ne m'avait vu !

COVIELLE.

Je dis les mêmes choses que vous.

CLÉONTE.

Peut-on rien voir d'égal, Covielle, à cette perfidie de l'ingrate Lucile?

COVIELLE.

Et à celle, monsieur, de la pendarde de Nicole?

CLÉONTE.

Après tant de services ardents, de soupirs et de vœux que j'ai faits à ses charmes!

COVIELLE.

Après tant d'assidus hommages, de soins et de services que je lui ai rendus dans sa cuisine!

CLÉONTE.

Tant de larmes que j'ai versées à ses genoux!

COVIELLE.

Tant de seaux d'eau que j'ai tirés au puits pour elle!

CLÉONTE.

Tant d'ardeur que j'ai fait paraître à la chérir plus que moi-même!

COVIELLE.

Tant de chaleur que j'ai soufferte à tourner la broche à sa place!

CLÉONTE.

Elle me fuit avec mépris!

COVIELLE.

Elle me tourne le dos avec effronterie!

CLÉONTE.

C'est une perfidie digne des plus grands châtiments.

COVIELLE.

C'est une trahison à mériter mille soufflets.

CLÉONTE.

Ne t'avise point, je te prie, de me jamais parler pour elle.

COVIELLE.

Moi, monsieur?.Dieu m'en garde!

CLÉONTE.

Ne viens point m'excuser l'action de cette infidèle.

COVIELLE.

N'ayez pas peur.

CLÉONTE.

Non, vois-tu, tous tes discours pour la défendre ne serviront de rien.

COVIELLE.

Qui songe à cela?

CLÉONTE.

Je veux contre elle conserver mon ressentiment, et rompre ensemble tout commerce.

COVIELLE.

J'y consens.

CLÉONTE.

Ce monsieur le comte qui va chez elle lui donne peut-être dans la vue : et son esprit, je le vois bien, se laisse éblouir à la qualité.

Mais il me faut, pour mon honneur, prévenir l'éclat de son inconstance. Je veux faire autant de pas qu'elle au changement où je la vois courir, et ne lui laisser pas toute la gloire de me quitter.

COVIELLE.

C'est fort bien dit ; et j'entre pour mon compte dans tous vos sentiments.

CLÉONTE.

Donne la main à mon dépit ; et soutiens ma résolution contre tous les restes d'amour qui me pourraient parler pour elle. Dis-m'en, je t'en conjure, tout le mal que tu pourras ; fais-moi de sa personne une peinture qui me la rende méprisable ; et marque-moi bien, pour m'en dégoûter, tous les défauts que tu peux voir en elle.

COVIELLE.

Elle, monsieur? voilà une belle mijaurée, une pimpesouée bien bâtie, pour vous donner tant d'amour! Je ne lui vois rien que de très-médiocre ; et vous trouverez cent personnes qui seront plus dignes de vous. Premièrement, elle a les yeux petits.

CLÉONTE.

Cela est vrai, elle a les yeux petits ; mais elle les a pleins de feu, les plus brillants, les plus perçants du monde, les plus touchants qu'on puisse voir.

COVIELLE.

Elle a la bouche grande.

CLÉONTE.

Oui; mais on y voit des grâces qu'on ne voit point aux autres bouches; et cette bouche, en la voyant, inspire des désirs : elle est la plus attrayante, la plus amoureuse du monde.

COVIELLE.

Pour sa taille, elle n'est pas grande.

CLÉONTE.

Non, mais elle est aisée et bien prise.

COVIELLE.

Elle affecte une nonchalance dans son parler et dans ses actions...

CLÉONTE.

Il est vrai; mais elle a grâce à tout cela : et ses manières sont engageantes, ont je ne sais quel charme à s'insinuer dans les cœurs.

COVIELLE.

Pour de l'esprit...

CLÉONTE.

Ah! elle en a, Covielle, du plus fin, du plus délicat.

COVIELLE.

Sa conversation...

CLÉONTE.

Sa conversation est charmante.

COVIELLE.

Elle est toujours sérieuse.

CLÉONTE.

Veux-tu de ces enjouements épanouis, de

ces joies toujours ouvertes ? Et vois-tu rien
de plus impertinent que des femmes qui rient
à tout propos ?

COVIELLE.

Mais enfin elle est capricieuse autant que
personne du monde.

CLÉONTE.

Oui, elle est capricieuse, j'en demeure d'accord ; mais tout sied bien aux belles ; on souf-
fre tout des belles.

COVIELLE.

Puisque cela va comme cela, je vois bien
que vous avez envie de l'aimer toujours.

CLÉONTE.

Moi ! j'aimerais mieux mourir, et je vais la
haïr autant que je l'ai aimée.

COVIELLE.

Le moyen, si vous la trouvez si parfaite ?

CLÉONTE.

C'est en quoi ma vengeance sera plus écla-
tante, en quoi je veux faire mieux voir la
force de mon cœur à la haïr, a la quitter,
toute belle, toute pleine d'attraits, tout aimable que je la trouve. La voici.

SCÈNE X

LUCILE, CLÉONTE, COVIELLE, NICOLE

NICOLE, à Lucile.

Pour moi, j'en ai été toute scandalisée.

LUCILE.

Ce ne peut être, Nicole, que ce que je dis.
Mais le voilà.

CLÉONTE, *à Covielle.*

Je ne veux pas seulement lui parler.

COVIELLE.

Je veux vous imiter.

LUCILE.

Qu'est-ce donc, Cléonte? Qu'avez-vous?

NICOLE.

Qu'as-tu donc, Covielle?

LUCILE.

Quel chagrin vous possède?

NICOLE.

Quelle mauvaise humeur te tient?

LUCILE.

Êtes-vous muet, Cléonte?

NICOLE.

As-tu perdu la parole, Covielle?

CLÉONTE.

Que voilà qui est scélérat!

COVIELLE.

Que cela est Judas!

LUCILE.

Je vois bien que la rencontre de tantôt a
troublé votre esprit.

CLÉONTE, *à Covielle.*

Ah, ah! on voit ce qu'on a fait.

NICOLE.

Notre accueil de ce matin t'a fait prendre la chèvre.

COVIELLE, à *Cléonte.*

On a deviné l'enclouure.

LUCILE.

N'est-il pas vrai, Cléonte, que c'est là le sujet de votre dépit ?

CLÉONTE.

Oui, perfide, ce l'est, puisqu'il faut parler; et j'ai à vous dire que vous ne triompherez pas, comme vous le pensez, de votre infidélité; que je veux être le premier à rompre avec vous, et que vous n'aurez pas l'avantage de me chasser. J'aurai de la peine, sans doute, à vaincre l'amour que j'ai pour vous; cela me causera des chagrins; je souffrirai un temps : mais j'en viendrai à bout, et je me percerai plutôt le cœur que d'avoir la faiblesse de retourner à vous.

COVIELLE, à *Nicole.*

Queussi, queumi.

LUCILE.

Voilà bien du bruit pour rien. Je veux vous dire, Cléonte, le sujet qui m'a fait, ce matin, éviter votre abord.

CLÉONTE, *voulant s'en aller pour éviter Lucile.*

Non; je ne veux rien écouter.

NICOLE, à *Covielle.*

Je te veux apprendre la cause qui nous a fait passer si vite.

COVIELLE, *voulant aussi s'en aller pour éviter Nicole.*

Je ne veux rien entendre.

LUCILE, *suivant Cléonte.*

Sachez que ce matin...

CLÉONTE, *marchant toujours sans regarder Lucile.*

Non, vous dis-je.

NICOLE, *suivant Covielle.*

Apprends que....

COVIELLE, *marchant aussi sans regarder Nicole.*

Non, traîtresse.

LUCILE.

Écoutez.

CLÉONTE.

Point d'affaire.

NICOLE.

Laisse-moi dire.

COVIELLE.

Je suis sourd.

LUCILE.

Cléonte!

CLÉONTE.

Non.

NICOLE.

Covielle!

COVIELLE.

Point.

LUCILE.

Arrêtez.

CLÉONTE.

Chansons!

NICOLE.

Entends-moi.

COVIELLE.

Bagatelle!

LUCILE.

Un moment.

CLÉONTE.

Point du tout.

NICOLE.

Un peu de patience.

COVIELLE.

Tarare!

LUCILE.

Deux paroles.

CLÉONTE.

Non; c'en est fait.

NICOLE.

Un mot.

COVIELLE.

Plus de commerce.

LUCILE, *s'arrêtant.*

Eh bien, puisque vous ne voulez pas m'écouter, demeurez dans votre pensée, et faites ce qu'il vous plaira.

NICOLE, *s'arrêtant aussi.*

Puisque tu fais comme cela, prends-le tout comme tu voudras.

CLÉONTE, *se retournant vers Lucile.*

Sachons donc le sujet d'un si bel accueil.

LUCILE, *s'en allant à son tour pour éviter Cléonte.*

Il ne me plaît plus de le dire.

COVIELLE, *se retournant vers Nicole.*

Apprends-nous un peu cette histoire.

NICOLE, *s'en allant aussi pour éviter Covielle.*

Je ne, veux plus, moi, te l'apprendre.

CLÉONTE, *suivant Lucile.*

Dites-moi...

LUCILE, *marchant toujours sans regarder Cléonte.*

Non; je ne veux rien dire.

COVIELLE, *suivant Nicole.*

Conte-moi...

NICOLE, *marchant aussi sans regarder Covielle.*

Non, je ne conte rien.

CLÉONTE.

De grâce!

LUCILE.

Non, vous dis-je.

COVIELLE.

Par charité !

NICOLE.

Point d'affaire.

CLÉONTE.

Je vous en prie.

LUCILE.

Laissez-moi.

COVIELLE.

Je t'en conjure.

NICOLE.

Ote-toi de la.

CLÉONTE.

Lucile !

LUCILE.

Non !

COVIELLE.

Nicole !

NICOLE.

Point.

CLÉONTE.

Au nom des dieux !

LUCILE.

Je ne veux pas.

COVIELLE.

Parle-moi.

NICOLE.

Point du tout.

CLÉONTE.

Eclaircissez mes doutes.

LUCILE.

Non; je n'en ferai rien.

COVIELLE

Guéris-moi l'esprit.

NICOLE.

Non; il ne me plaît pas.

CLÉONTE.

Eh bien, puisque vous vous souciez si peu de me tirer de peine et de vous justifier du traitement indigne que vous avez fait à ma flamme, vous me voyez, ingrate, pour la dernière fois; et je vais, loin de vous, mourir de douleur et d'amour.

COVIELLE, *à Nicole.*

Et moi, je vais suivre ses pas.

LUCILE, *à Cléonte, qui veut sortir.*

Cléonte !

NICOLE, *à Covielle, qui suit son maître.*
Covielle !

CLÉONTE, *s'arrêtant.*
Hé ?

COVIELLE, *s'arrêtant aussi.*
Plaît-il ?

LUCILE.
Où allez-vous ?

CLÉONTE.
Où je vous ai dit.

COVIELLE.
Nous allons mourir.

LUCILE.
Vous allez mourir, Cléonte ?

CLÉONTE.
Oui, cruelle, puisque vous le voulez.

LUCILE.
Moi, je veux que vous mouriez ?

CLÉONTE.
Oui, vous le voulez.

LUCILE.
Qui vous le dit ?

CLÉONTE, *s'approchant de Lucile.*
N'est-ce pas le vouloir que de ne vouloir pas
éclaircir mes soupçons ?

LUCILE.
Est-ce ma faute ? Et si vous aviez voulu
m'écouter, ne vous aurais-je pas dit que l'a-

venture dont vous vous plaignez a été causée
ce matin par la présence d'une vieille tante
qui veut à toute force que la seule approche
d'un homme déshonore une fille; qui perpé-
tuellement nous sermonne sur ce chapitre, et
nous figure tous les hommes comme des diables qu'il faut fuir?

NICOLE, *à Covielle.*

Voilà le secret de l'affaire.

CLÉONTE.

Ne me trompez-vous point, Lucile?

COVIELLE, *à Nicole.*

Ne m'en donnes-tu point à garder?

LUCILE, *à Cléonte.*

Il n'est rien de plus vrai.

NICOLE, *à Covielle.*

C'est la chose comme elle est.

COVIELLE, *à Cléonte.*

Nous rendrons-nous à cela?

CLÉONTE.

Ah! Lucile, qu'avec un mot de votre bouche
vous savez apaiser de choses dans mon cœur!
et que facilement on se laisse persuader aux
personnes qu'on aime!

COVIELLE.

Qu'on est aisément amadoué par ces diantres
d'animaux-là!

SCÈNE XI

MADAME JOURDAIN, CLEONTE, LUCILE, COVIELLE, NICOLE.

MADAME JOURDAIN.

Je suis bien aise de vous voir, Cléonte; et vous voilà tout à propos. Mon mari vient, prenez vite votre temps pour lui demander Lucile en mariage.

CLÉONTE.

Ah, madame, que cette parole m'est douce; et qu'elle flatte mes désirs! Pouvais-je recevoir un ordre plus charmant, une faveur plus précieuse?

SCÈNE XII

CLÉONTE, MONSIEUR JOURDAIN, MADAME JOURDAIN, LUCILE, COVIELLE, NICOLE.

CLÉONTE.

Monsieur, je n'ai voulu prendre personne pour vous faire une demande que je médite il y a longtemps. Elle me touche assez pour m'en charger moi-même; et, sans autre détour, je vous dirai que l'honneur d'être votre gendre est une faveur glorieuse que je vous prie de m'accorder.

MONSIEUR JOURDAIN.

Avant que de vous rendre réponse, monsieur, je vous prie de me dire si vous êtes gentilhomme.

CLÉONTE.

Monsieur, la plupart des gens sur cette question n'hésitent pas beaucoup : on tranche le mot aisément. Ce nom ne fait aucun scrupule à prendre ; et l'usage, aujourd'hui, semble en autoriser le vol. Pour moi, je vous l'avoue, j'ai les sentiments sur cette matière un peu plus délicats. Je trouve que toute imposture est indigne d'un honnête homme, et qu'il y a de la lâcheté à déguiser ce que le ciel nous a fait naître, à se parer aux yeux du monde d'un titre dérobé, à se vouloir donner pour ce qu'on n'est pas. Je suis né de parents, sans doute, qui ont tenu des charges honorables ; je me suis acquis dans les armes l'honneur de six ans de service, et je me trouve assez de bien pour tenir dans le monde un rang assez passable : mais, avec tout cela, je ne veux pas me donner un nom où d'autres, en ma place, croiraient pouvoir prétendre ; et je vous dirai franchement que je ne suis point gentilhomme.

MONSIEUR JOURDAIN.

Touchez là, monsieur : ma fille n'est pas pour vous.

CLÉONTE.

Comment ?

MONSIEUR JOURDAIN.

Vous n'êtes point gentilhomme, vous n'aurez point ma fille.

MADAME JOURDAIN.

Que voulez-vous donc dire avec votre gentilhomme ? Est-ce que nous sommes, nous autres, de la côte de saint Louis ?

MONSIEUR JOURDAIN.

Taisez-vous, ma femme; je vous vois venir.

MADAME JOURDAIN.

Descendons-nous tous deux que de bonne bourgeoisie?

MONSIEUR JOURDAIN.

Voilà pas le coup de langue?

MADAME JOURDAIN.

Et votre père n'était-il pas marchand aussi bien que le mien?

MONSIEUR JOURDAIN.

Peste soit de la femme! elle n'y a jamais manqué. Si votre père a été marchand, tant pis pour lui; mais, pour le mien, ce sont des malavisés qui disent cela. Tout ce que j'ai à vous dire, moi, c'est que je veux avoir un gendre gentilhomme.

MADAME JOURDAIN.

Il faut à votre fille un mari qui lui soit propre; et il vaut mieux pour elle un honnête homme riche et bien fait qu'un gentilhomme gueux et mal bâti.

NICOLE.

Cela est vrai. Nous avons le fils du gentilhomme de notre village qui est le plus grand malitorne et le plus sot dadais que j'aie jamais vu.

MONSIEUR JOURDAIN, *à Nicole.*

Taisez-vous, impertinente : vous vous fourrez toujours dans la conversation. J'ai du bien assez pour ma fille : je n'ai besoin que d'honneurs, et je la veux faire marquise.

MADAME JOURDAIN.

Marquise?

MONSIEUR JOURDAIN.

Oui, marquise.

MADAME JOURDAIN.

Hélas! Dieu m'en garde!

MONSIEUR JOURDAIN.

C'est une chose que j'ai résolue.

MADAME JOURDAIN.

C'est une chose, moi, où je ne consentirai point. Les alliances avec plus grand que soi sont sujettes toujours à de fâcheux inconvénients. Je ne veux point qu'un gendre puisse à ma fille reprocher ses parents, et qu'elle ait des enfants qui aient honte de m'appeler leur grand'maman. S'il fallait qu'elle me vînt visiter en équipage de grande dame, et qu'elle manquât par mégarde à saluer quelqu'un du quartier, on ne manquerait pas aussitôt de dire cent sottises. « Voyez-vous, dirait-on, cette madame la marquise qui fait tant la glorieuse? c'est la fille de monsieur Jourdain, qui était trop heureuse, étant petite, de jouer à la madame avec nous. Elle n'a pas toujours été si relevée que la voilà, et ses deux grands pères vendaient du drap auprès de la porte Saint-Innocent. Ils ont amassé du bien à leurs enfants qu'ils paient maintenant peut-être bien cher en l'autre monde; et l'on ne devient guère si riches à être honnêtes gens. » Je ne veux point tous ces caquets; et je veux un homme, en un mot, qui m'ait obligation de

ma fille, et à qui je puisse dire : Mettez-vous
là, mon gendre, et dînez avec moi.

MONSIEUR JOURDAIN.

Voilà bien les sentiments d'un petit esprit,
de vouloir toujours demeurer dans la bassesse.
Ne me répliquez pas davantage : ma fille sera
marquise en dépit de tout le monde ; et, si
vous me mettez en colère, je la ferai duchesse.

SCÈNE XIII

MADAME JOURDAIN, LUCILE, CLÉONTE, NICOLE, COVIELLE.

MADAME JOURDAIN.

Cléonte, ne perdez poin̄ courage encore. (*À
Lucile.*) Suivez-moi, ma fille ; et venez dire ré-
solûment à votre père que, si vous ne l'avez-
vous ne voulez épouser personne.

SCÈNE XIV

CLÉONTE, COVIELLE.

COVIELLE.

Vous avez fait de belles affaires, avec vos
beaux sentiments.

CLÉONTE.

Que veux-tu ? j'ai un scrupule là-dessus que
l'exemple ne saurait vaincre.

COVIELLE.

Vous moquez-vous de le prendre sérieuse

ment avec un homme comme cela? Ne voyez-vous pas qu'il est fou? Et vous coûtait-il quelque chose de vous accommoder à ses chimères?

CLÉONTE.

Tu as raison; mais je ne croyais pas qu'il fallût faire ses preuves de noblesse pour être gendre de monsieur Jourdain.

COVIELLE, riant.

Ah, ah, ah!

CLÉONTE.

De quoi ris-tu?

COVIELLE.

D'une pensée qui me vient pour jouer notre homme, et, vous faire obtenir ce que vous souhaitez.

CLÉONTE.

Comment?

COVIELLE.

L'idée est tout à fait plaisante.

CLÉONTE.

Quoi donc?

COVIELLE.

Il s'est fait depuis peu une certaine mascarade qui vient le mieux du monde ici, et que je prétends faire entrer dans une bourde que je veux faire à notre ridicule. Tout cela sent un peu sa comédie; mais, avec lui, on peut hasarder toute chose, il n'y faut point chercher tant de façons : il est homme à y jouer son rôle à merveille, et à donner aisément dans toutes les fariboles qu'on s'avisera de lui dire. J'ai les acteurs, j'ai les habits tout prêts; laissez-moi faire seulement.

CLÉONTE.

Mais apprends-moi...

COVIELLE.

Je vais vous instruire de tout. Retirons-nous ; le voilà qui revient.

SCÈNE XV

MONSIEUR JOURDAIN.

Que diable est-ce là ? Ils n'ont rien que les grands seigneurs à me reprocher ; et moi, je ne vois rien de si beau que de hanter les grands seigneurs : il n'y a qu'honneur et civilité avec eux ; et je voudrais qu'il m'eût coûté deux doigts de la main, et être né comte ou marquis.

SCÈNE XVI

MONSIEUR JOURDAIN, UN LAQUAIS.

LE LAQUAIS.

Monsieur, voici monsieur le comte et une dame qu'il mène par la main.

MONSIEUR JOURDAIN.

Eh, mon Dieu ! j'ai quelques ordres à donner. Dis-leur que je vais venir ici tout à l'heure.

SCÈNE XVII

DORIMÈNE, DORANTE, UN LAQUAIS.

LE LAQUAIS.

Monsieur dit comme cela, qu'il va venir ici tout à l'heure.

DORANTE.

Voilà qui est bien.

SCÈNE XVIII

DORIMÈNE, DORANTE.

DORIMÈNE.

Je ne sais pas, Dorante ; je fais encore ici une étrange démarche, de me laisser amener par vous dans une maison où je ne connais personne.

DORANTE.

Quel lieu voulez-vous donc, madame, que mon amour choisisse pour vous régaler, puisque, pour fuir l'éclat, vous ne voulez ni votre maison ni la mienne ?

DORIMÈNE.

Mais vous ne dites pas que je m'engage insensiblement chaque jour à recevoir de trop grands témoignages de votre passion. J'ai beau me défendre des choses, vous fatiguez ma résistance, et vous avez une civile opiniâtreté qui me fait venir doucement à tout ce

qu'il vous plaît. Les visites fréquentes ont
commencé; les déclarations sont venues ensuite, qui, après elles, ont traîné les sérénades
et les cadeaux, que les présents ont suivis. Je me
suis opposée à tout cela ; mais vous ne vous
rebutez point, et, pied à pied, vous gagnez
mes résolutions. Pour moi, je ne puis plus répondre de rien ; et je crois qu'a la fin vous me
ferez venir au mariage, dont je me suis tant
éloignée.

DORANTE.

Ma foi, madame, vous y devriez déjà être.
Vous êtes veuve, et ne dépendez que de vous.
Je suis maître de moi, et vous aime plus que
ma vie. A quoi tient-il que, dès aujourd'hui,
vous ne fassiez tout mon bonheur?

DORIMÈNE.

Mon Dieu, Dorante, il faut des deux parts
bien des qualités pour vivre heureusement ensemble ; et les deux plus raisonnables personnes du monde ont souvent peine à composer une union dont ils soient satisfaits.

DORANTE.

Vous vous moquez, madame, de vous y figurer tant de difficultés ; et l'expérience que
vous avez faite ne conclut rien pour tous les
autres.

DORIMÈNE.

Enfin, j'en reviens toujours là. Les dépenses
que je vous vois faire pour moi m'inquiètent
par deux raisons : l'une, qu'elles m'engagent
plus que je ne voudrais ; et l'autre, que je suis
sûre, sans vous déplaire, que vous ne les faites

point que vous ne vous incommodiez ; et je ne
veux point cela.

DORANTE.

Ah, madame ! ce sont des bagatelles ; et ce
n'est pas par là...

DORIMÈNE.

Je sais ce que je dis ; et, entre autres, le
diamant que vous m'avez forcée à prendre est
d'un prix...

DORANTE.

Hé, madame, de grâce ! ne faites point tant
valoir une chose que mon amour trouve indigne de vous, et souffrez... Voici le maître du
logis.

SCÈNE XIX

MONSIEUR JOURDAIN, DORIMÈNE, DORANTE.

MONSIEUR JOURDAIN, *après avoir fait deux révé-*
rences, se trouvant trop près de Dorimène.
Un peu plus loin, madame.

DORIMÈNE.

Comment ?

MONSIEUR JOURDAIN.

Un pas, s'il vous plaît.

DORIMÈNE.

Quoi donc ?

MONSIEUR JOURDAIN.

Reculez un peu pour la troisième.

DORANTE.

Madame, monsieur Jourdain sait son monde.

MONSIEUR JOURDAIN.

Madame, ce m'est une gloire bien grande de me voir assez fortuné pour être si heureux que d'avoir le bonheur que vous ayez eu la bonté de m'accorder la grâce de me faire l'honneur de m'honorer de la faveur de votre présence ; et si j'avais aussi le mérite pour mériter un mérite comme le vôtre, et que le ciel... envieux de mon bien... m'eût accordé... l'avantage de me voir digne... des...

DORANTE.

Monsieur Jourdain, en voilà assez. Madame n'aime pas les grands compliments, et elle sait que vous êtes homme d'esprit (*bas à Dorimène*). C'est un bon bourgeois assez ridicule, comme vous voyez, dans toutes ses manières.

DORIMÈNE, *bas à Dorante.*

Il n'est pas malaisé de s'en apercevoir.

DORANTE.

Madame, voilà le meilleur de mes amis.

MONSIEUR JOURDAIN.

C'est trop d'honneur que vous me faites.

DORANTE.

Galant homme tout à fait.

DORIMÈNE.

J'ai beaucoup d'estime pour lui.

MONSIEUR JOURDAIN.

Je n'ai rien fait encore, madame, pour mériter cette grâce.

DORANTE, *bas à monsieur Jourdain.*

Prenez bien garde au moins à ne lui point parler du diamant que vous lui avez donné.

MONSIEUR JOURDAIN, *bas à Dorante.*

Ne pourrai-je pas seulement lui demander comment elle le trouve?

DORANTE, *bas à monsieur Jourdain.*

Comment, gardez-vous-en bien. Cela serait vilain à vous: et, pour agir en galant homme, il faut que vous fassiez comme si ce n'était pas vous qui lui eussiez fait ce présent (*haut*). Monsieur Jourdain, madame, dit qu'il est ravi de vous voir chez lui.

DORIMÈNE.

Il m'honore beaucoup.

MONSIEUR JOURDAIN, *bas à Dorante.*

Que je vous suis obligé, monsieur, de lui parler ainsi pour moi!

DORANTE, *bas à monsieur Jourdain.*

J'ai eu une peine effroyable à la faire venir ici.

MONSIEUR JOURDAIN, *bas à Dorante.*

Je ne sais quelles grâces vous en rendre.

DORANTE.

Il dit, madame, qu'il vous trouve la plus belle personne du monde.

DORIMÈNE.

C'est bien de la grâce qu'il me fait.

MONSIEUR JOURDAIN.

Madame, c'est vous qui faites les grâces, et...

DORANTE.

Songeons à manger.

SCÈNE XX

MONSIEUR JOURDAIN, DORANTE, UN LAQUAIS.

LE LAQUAIS, *à monsieur Jourdain.*

Tout est prêt, monsieur.

DORANTE.

Allons donc nous mettre à table, et qu'on fasse venir les musiciens.

SCÈNE XXI

ENTRÉE DE BALLET.

Six Cuisiniers, qui ont préparé le festin, dansent ensemble, après quoi ils apportent une table couverte de plusieurs mets.

FIN DU TROISIÈME ACTE.

ACTE QUATRIEME

—

SCÈNE PREMIÈRE

DORIMÈNE, MONSIEUR JOURDAIN, DO-
RANTE, TROIS MUSICIENS, UN LA-
QUAIS.

DORIMÈNE.

Comment! Dorante, voilà un repas tout à
fait magnifique! ·

MONSIEUR JOURDAIN.

Vous vous moquez, madame; et je voudrais
qu'il fût plus digne de vous être offert.

*(Dorimène, monsieur Jourdain, Dorante et les
trois Musiciens se mettent à table.)*

DORANTE.

Monsieur Jourdain a raison, madame, de
parler de la sorte, et il m'oblige de vous faire
si bien les honneurs de chez lui. Je demeure
d'accord avec lui que le repas n'est pas digne
de vous. Comme c'est moi qui l'ai ordonné, et
que je n'ai pas, sur cette matière, les lumières
de nos amis, vous n'avez pas ici un repas fort
savant, et vous y trouverez des incongruités
de bonne chère et des barbarismes de bon
goût. Si Damis s'en était mêlé, tout serait dans
les règles; il y aurait partout de l'élégance et
de l'érudition, et il ne manquerait pas de vous
exagérer lui-même toutes les pièces du repas

qu'il vous donnerait, et de vous faire tomber
d'accord de sa haute capacité dans la science
des bons morceaux; de vous parler d'un pain
de rive à biseau doré, relevé de croûte partout,
croquant tendrement sous la dent; d'un vin à
séve veloutée, armé d'un vert qui n'est point
trop commandant, d'un carré de mouton gour-
mandé de persil; d'une longe de veau de ri-
vière, longue comme cela, blanche, délicate, et
qui, sous les dents, est une vraie pâte d'a-
mande; de perdrix relevées d'un fumet sur-
prenant; et, pour son opéra, d'une soupe à
bouillon perlé, soutenue d'un jeune gros din-
don, cantonnée de pigeonneaux, et couronnée
d'oignons blancs mariés avec la chicorée. Mais,
pour moi, je vous avoue mon ignorance; et,
comme monsieur Jourdain a fort bien dit, je
voudrais que le repas fût plus digne de vous
être offert.

DORIMÈNE.

Je ne réponds à ce compliment qu'en man-
geant comme je fais.

MONSIEUR JOURDAIN.

Ah, que voilà de belles mains!

DORIMÈNE.

Les mains sont médiocres, monsieur Jourdain; mais vous voulez parler du diamant,
qui est fort beau.

MONSIEUR JOURDAIN.

Moi, madame? Dieu me garde d'en vouloir
parler! Ce ne serait pas agir en galant homme; et le diamant est fort peu de chose.

DORIMÈNE.

Vous êtes bien dégoûté.

MONSIEUR JOURDAIN.

Vous avez trop de bonté...

DORANTE, *après avoir fait signe à monsieur Jourdain.*

Allons, qu'on donne du vin à monsieur Jourdain, et à ces messieurs, qui nous feront la grâce de chanter un air à boire.

DORIMÈNE.

C'est merveilleusement assaisonner la bonne chère que d'y mêler la musique ; et je me vois ici admirablement régalée.

MONSIEUR JOURDAIN.

Madame, ce n'est pas...

DORANTE.

Monsieur Jourdain, prêtons silence à ces messieurs ; ce qu'ils nous diront vaudra mieux que tout ce que nous pourrions dire.

PREMIER ET SECOND MUSICIENS , *ensemble un verre à la main.*

Un petit doigt. Philis, pour commencer le tour.
Ah ! qu'un verre en vos mains a d'agréables charmes
    Vous et le vin, vous vous prêtez des armes,
Et je sens pour tous deux redoubler mon amour.
Entre lui, vous et moi, jurons, jurons, ma belle,
        Une ardeur éternelle.
Qu'en mouillant votre bouche il en reçoit d'attraits
Et que l'on voit par lui votre bouche embellie
    Ah ! l'un de l'autre ils me onnent envie

Et de vous et de lui je m'enivre à longs traits.
Entre lui, vous et moi, jurons, jurons, ma belle,
     Une ardeur éternelle.

SECOND ET TROISIÈME MUSICIENS, *ensemble.*

     Buvons, chers amis, buvons :
   Le temps qui fuit nou- y convie.
      Profitons de la vie
      Autant que nous pouvons.

   Quand on a passé l'onde noire,
   Adieu le bon vin, nos amours.
      Dépêchons-nous de boire.
      On ne boit pas toujours.

   Laissons raisonner les sots
   Sur le vrai bonheur de la vie :
      Notre philosophie
      Le met parmi les pots.

   Les biens, le savoir et la gloire
   N'ôtent point les soucils fâcheux ;
      Et ce n'est qu'a bien boire
      Que l'on peut être heureux.

TOUS TROIS *ensemble.*

Sus, sus, du vin partout ; versez, garçon, versez ;
Versez, versez toujours, tant qu'on vous dise assez.

DORIMÈNE.

Je ne crois pas qu'on puisse mieux chanter ;
et cela est tout à fait beau.

MONSIEUR JOURDAIN.

Je vois encore ici, madame, quelque chose
de plus beau.

DORIMÈNE.

Ouais! monsieur Jourdain est galant plus
que je ne pensais.

DORANTE.

Comment, madame! pour qui prenez-vous
monsieur Jourdain?

MONSIEUR JOURDAIN.

Je voudrais bien qu'elle me prît pour ce que
je dirais.

DORIMÈNE.

Encore!

DORANTE, *à Dorimène.*

Vous ne le connaissez pas.

MONSIEUR JOURDAIN.

Elle me connaîtra quand il lui plaira.

DORIMÈNE.

Oh! je le quitte.

DORANTE.

Il est homme qui a toujours la riposte en
main. Mais vous ne voyez pas que monsieur
Jourdain, madame, mange tous les morceaux
que vous avez touchés.

DORIMÈNE.

Monsieur Jourdain est un homme qui me
ravit.

MONSIEUR JOURDAIN.

Si je pouvais ravir votre cœur, je serais...

SCÈNE II

MADAME JOURDAIN, MONSIEUR JOUR-
DAIN, DORIMENE, DORANTE, MUSI-
CIENS, LAQUAIS.

MADAME JOURDAIN.

Ah, ah! je trouve ici bonne compagnie, et
je vois bien qu'on ne m'y attendait pas. C'est
donc pour cette belle affaire-ci, monsieur mon
mari, que vous avez eu tant d'empressement
à m'envoyer dîner chez ma sœur? Je viens de
voir un théâtre là-bas, et je vois ici un ban-
quet à faire noces. Voilà comme vous dépen-
sez votre bien! C'est ainsi que vous festinez
les dames en mon absence, et que vous leur
donnez la musique et la comédie, tandis que
vous m'envoyez promener!

DORANTE.

Que voulez-vous dire, madame Jourdain? et
quelles fantaisies sont les vôtres, de vous aller
mettre en tête que votre mari dépense son
bien, que c'est lui qui donne ce régale à madame? Apprenez que c'est moi, je vous prie;
qu'il ne fait seulement que me prêter sa maison, et que vous devriez un peu mieux regarder aux choses que vous dites.

MONSIEUR JOURDAIN.

Oui, impertinente, c'est monsieur le comte
qui donne tout ceci à madame, qui est une
personne de qualité. Il me fait l'honneur de
prendre ma maison, et de vouloir que je sois
avec lui.

MADAME JOURDAIN.

Ce sont des chansons que cela; je sais ce que je sais.

DORANTE.

Prenez, madame Jourdain, prenez de meilleures lunettes.

MADAME JOURDAIN.

Je n'ai que faire de lunettes, monsieur, et je vois assez clair; il y a longtemps que je sens les choses, et je ne suis pas une bête. Cela est fort vilain à vous, pour un grand seigneur, de prêter la main, comme vous faites, aux sottises de mon mari. Et vous, madame, pour une grande dame, cela n'est ni beau ni honnête à vous de mettre la dissension dans un ménage, et de souffrir que mon mari soit amoureux de vous.

DORIMÈNE.

Que veut donc dire tout ceci? Allez, Dorante, vous vous moquez de m'exposer aux sottes visions de cette extravagante.

DORANTE, *suivant Dorimène qui sort.*

Madame, holà! madame, où courez-vous?

MONSIEUR JOURDAIN.

Madame... Monsieur le comte, faites-lui mes excuses, et tâchez de la ramener.

SCÈNE III

MADAME JOURDAIN, MONSIEUR JOUR-DAIN, LAQUAIS.

MONSIEUR JOURDAIN.

Ah! impertinente que vous êtes, voilà de vos beaux faits! vous me venez faire des affronts devant tout le monde, et vous chassez de chez moi des personnes de qualité!

MADAME JOURDAIN.

Je me moque de leur qualité.

MONSIEUR JOURDAIN.

Je ne sais qui me tient, maudite, que je ne vous fende la tête avec les pieces du repas que vous êtes venue troubler.

(Les laquais emportent la table.)

MADAME JOURDAIN, *sortant.*

Je me moque de cela : ce sont mes droits que je défends; et j'aurai pour moi toutes les femmes.

MONSIEUR JOURDAIN.

Vous faites bien d'éviter ma colère.

SCÈNE IV

MONSIEUR JOURDAIN.

Elle est arrivée là bien malheureusement! J'étais en humeur de dire de jolies choses, et jamais je ne m'étais senti tant d'esprit... Qu'est-ce que c'est que cela?

SCÈNE V

MONSIEUR JOURDAIN, COVIELLE, *déguisé.*

COVIELLE.

Monsieur, je ne sais pas si j'ai l'honneur d'être connu de vous.

MONSIEUR JOURDAIN.

Non, monsieur.

COVIELLE, *étendant la main à un pied de terre.*

Je vous ai vu que vous n'étiez pas plus grand que cela.

MONSIEUR JOURDAIN.

Moi?

COVIELLE.

Oui. Vous étiez le plus bel enfant du monde, et toutes les dames vous prenaient dans leurs bras pour vous baiser.

MONSIEUR JOURDAIN.

Pour me baiser?

COVIELLE.

Oui, j'étais grand ami de feu monsieur votre père.

MONSIEUR JOURDAIN.

De feu monsieur mon père?

COVIELLE.

Oui. C'était un fort honnête gentilhomme.

MONSIEUR JOURDAIN.

Comment dites-vous?

COVIELLE.

Je dis que c'était un fort honnête gentil homme.

MONSIEUR JOURDAIN.

Mon père?

COVIELLE.

Oui.

MONSIEUR JOURDAIN.

Vous l'avez fort connu?

COVIELLE.

Assurément.

MONSIEUR JOURDAIN.

Et vous l'avez connu pour gentilhomme?

COVIELLE.

Sans doute.

MONSIEUR JOURDAIN.

Je ne sais donc pas comment le monde est fait.

COVIELLE.

Comment?

MONSIEUR JOURDAIN.

Il y a de sottes gens qui me veulent dire qu'il a été marchand.

COVIELLE.

Lui, marchand? C'est pure médisance; il ne l'a jamais été. Tout ce qu'il faisait, c'est qu'il était fort obligeant, fort officieux, et, comme il se connaissait fort bien en étoffes, il en allait choisir de tous les côtés, les faisait apporter chez lui, et en donnait à ses amis pour de l'argent.

MONSIEUR JOURDAIN.

Je suis ravi de vous connaître, afin que vous rendiez ce témoignage-là, que mon père était gentilhomme.

COVIELLE.

Je le soutiendrai devant tout le monde.

MONSIEUR JOURDAIN.

Vous m'obligerez. Quel sujet vous ramène?

COVIELLE.

Depuis avoir connu feu monsieur votre père, honnête gentilhomme, comme je vous ai dit, j'ai voyagé par tout le monde.

MONSIEUR JOURDAIN.

Par tout le monde?

COVIELLE.

Oui.

MONSIEUR JOURDAIN.

Je pense qu'il y a bien loin en ce pays-là?

COVIELLE.

Assurément. Je ne suis revenu de tous mes longs voyages que depuis quatre jours; et, par l'intérêt que je prends à tout ce qui vous touche, je viens vous annoncer la meilleure nouvelle du monde.

MONSIEUR JOURDAIN.

Quelle?

COVIELLE.

Vous savez que le fils du Grand-Turc est ici?

MONSIEUR JOURDAIN.

Moi? non.

COVIELLE.

Comment! il a un train tout à fait magnifique, tout le monde le va voir; et il a été reçu en ce pays comme un seigneur d'importance.

MONSIEUR JOURDAIN.

Par ma foi, je ne savais pas cela.

COVIELLE.

Ce qu'il y a d'avantageux pour vous, c'est qu'il est amoureux de votre fille.

MONSIEUR JOURDAIN.

Le fils du Grand-Turc?

COVIELLE.

Oui, et il veut être votre gendre.

MONSIEUR JOURDAIN.

Mon gendre, le fils du Grand-Turc!

COVIELLE.

Le fils du Grand-Turc, votre gendre. Comme je le fus voir, et que j'entends parfaitement sa langue, il s'entretint avec moi; et, après quelques autres discours, il me dit : « Acciam croc soler onch alla moustaphidélum amanahem varahini oussere carbulath? » c'est-à-dire, N'as-tu point vu une jeune belle personne qui est la fille de monsieur Jourdain, gentilhomme parisien?

MONSIEUR JOURDAIN.

Le fils du Grand-Turc dit cela de moi?

COVIELLE.

Oui. Comme je lui eus répondu que je vous

connaissais particulièrement, et que j'avais vu votre fille : « Ah ! me dit-il, marababa sahem ! » c'est-à-dire, Ah ! que je suis amoureux d'elle !

MONSIEUR JOURDAIN.

Marababa sahem veut dire : Ah ! que je suis amoureux d'elle ?

COVIELLE.

Oui.

MONSIEUR JOURDAIN.

Par ma foi, vous faites bien de me le dire ; car, pour moi, je n'aurais jamais cru que « marababa sahem » eût voulu dire : Ah ! que je suis amoureux d'elle ! Voilà une langue admirable que ce turc !

COVIELLE.

Plus admirable qu'on ne peut croire. Savez-vous bien ce que veut dire cacaracamouchen ?

MONSIEUR JOURDAIN.

Cacaracamouchen ? Non.

COVIELLE.

C'est-à-dire, ma chère âme.

MONSIEUR JOURDAIN.

Cacaracamouchen veut dire : Ma chère âme ?

COVIELLE.

Oui.

MONSIEUR JOURDAIN.

Voilà qui est merveilleux ! *Cacaracamouchen,* ma chère âme ! Dirait-on jamais cela ! Voila qui me confond.

COVIELLE.

Enfin, pour achever mon ambassade, il vient vous demander votre fille en mariage ; et, pour avoir un beau-père qui soit digne de lui, il veut vous faire *mamamouchi*, qui est une certaine grande dignité de son pays.

MONSIEUR JOURDAIN.

Mamamouchi?

COVIELLE.

Oui, *mamamouchi*, c'est-à-dire, en notre langue, paladin. Paladin, ce sont de ces anciens... Paladin enfin. Il n'y a rien de plus noble que cela dans le monde ; et vous irez de pair avec les plus grands seigneurs de la terre.

MONSIEUR JOURDAIN.

Le fils du Grand-Turc m'honore beaucoup, et je vous prie de me mener chez lui pour lui en faire mes remercîments.

COVIELLE.

Comment! le voilà qui va venir ici.

MONSIEUR JOURDAIN.

Il va venir ici?

COVIELLE.

Oui ; et il a amené toutes choses pour la cérémonie de votre dignité.

MONSIEUR JOURDAIN.

Voilà qui est bien prompt.

COVIELLE.

Son amour ne peut souffrir aucun retardement.

MONSIEUR JOURDAIN.

Tout ce qui m'embarrasse ici, c'est que ma fille est une opiniâtre qui s'est allée mettre dans la tête un certain Cléonte; et elle jure de n'épouser personne que celui-là.

COVIELLE.

Elle changera de sentiment quand elle verra le fils du Grand-Turc; et puis, il se rencontre ici une aventure merveilleuse, c'est que le fils du Grand-Turc ressemble à ce Cléonte, à peu de chose près. Je viens de le voir, on me l'a montré; et l'amour qu'elle a pour l'un pourra passer aisément à l'autre, et... Je l'entends venir; le voilà.

SCÈNE VI

CLÉONTE, *en Turc;* TROIS PAGES, *portant la veste de Cléonte;* MONSIEUR JOURDAIN, COVIELLE.

CLÉONTE.

Ambousahi moqui boraf, Giourdina sala-malé qui!

COVIELLE, *à monsieur Jourdain.*

C'est-à-dire : Monsieur Jourdain, votre cœur soit toute l'année comme un rosier fleuri! Ce sont façons de parler obligeantes de ce pays-là.

MONSIEUR JOURDAIN.

Je suis très humble serviteur de son altesse turque.

COVIELLE.

Carigar camboto oustin moraf.

CLÉONTE.

Oustin yoc catamaléqui basum base alla moram !

COVIELLE.

Il dit : Que le ciel vous donne la force des lions et la prudence des serpents !

MONSIEUR JOURDAIN.

Son altesse turque m'honore trop ; et je lui souhaite toutes sortes de prospérités.

COVIELLE.

Ossa binamen sadoc baballi oracaf ouram.

CLÉONTE.

Bel-men.

COVIELLE.

Il dit que vous alliez vite avec lui vous préparer pour la cérémonie, afin de voir ensuite votre fille, et de conclure le mariage.

MONSIEUR JOURDAIN.

Tant de choses en deux mots?

COVIELLE.

Oui : la langue turque est comme cela; elle dit beaucoup en peu de paroles. Allez vite où souhaite.

SCÈNE VII

COVIELLE.

Ah! ah! ah! ma foi, cela est tout à fait drôle. Quelle dupe! Quand il aurait appris son rôle par cœur, il ne pourrait pas le mieux jouer. Ah, ah!

SCÈNE VIII.

DORANTE, COVIELLE.

COVIELLE.

Je vous prie, monsieur, de nous vouloir aider céans dans une affaire qui s'y passe.

DORANTE.

Ah! ah! Covielle, qui t'aurait reconnu? Comme te voilà ajusté!

COVIELLE.

Vous voyez. Ah! ah! ah!

DORANTE.

De quoi ris-tu?

COVIELLE.

D'une chose, monsieur, qui le mérite bien.

DORANTE.

Comment?

COVIELLE.

Je vous le donnerais en bien des fois, monsieur, à deviner le stratagème dont nous nous servons auprès de monsieur Jourdain, pour

porter son esprit à donner sa fille à mon
maître.

DORANTE.

Je ne devine point le stratagème ; mais je
devine qu'il ne manquera pas de faire son
effet, puisque tu l'entreprends.

COVIELLE.

Je sais, monsieur, que la bête vous est con-
nue.

DORANTE.

Apprends-moi ce que c'est.

COVIELLE.

Prenez la peine de vous tirer un peu plus
loin, pour faire place à ce que j'aperçois venir.
Vous pourrez voir une partie de l'histoire,
tandis que je vous conterai le reste.

SCÈNE IX

CÉRÉMONIE TURQUE.

LE MUPHTI ; DERVIS, TURCS, *assistants du
Muphti, chantants et dansants.*

PREMIÈRE ENTRÉE DE BALLET.

*Six Turcs entrent gravement, deux à deux, au
son des instruments. Ils portent trois tapis, qu'ils
lèvent fort haut, après en avoir fait, en dansant,
plusieurs figures. Les Turcs chantants passent
par-dessous ces tapis, pour aller se ranger aux
deux côtés du théâtre. Le Muphti, accompagné
des Dervis, ferme cette marche.*

Alors les Turcs étendent les tapis par terre, et

se mettent dessus à genoux. *Le Muphti et les Der-*
vis restent debout au milieu d'eux; et pendant
que le Muphti invoque Mahomet en faisant beau-
coup de contorsions et de grimaces sans proférer
une seule parole, les Turcs assistants se proster-
nent jusqu'à terre, chantant Alli *, lèvent les bras*
au ciel, chantant Alla; *ce qu'ils continuent jus-*
qu'à la fin de l'invocation, après laquelle ils se
lèvent tous, chantant Alla ekber, *et deux Dervis*
vont chercher monsieur Jourdain.

SCÈNE X

LE MUPHTI, DERVIS, TURCS, *chantants et*
dansants; MONSIEUR JOURDAIN, *vêtu à la*
turque, la tête rasée, sans turban et sans sabre.

LE MUPHTI, *à monsieur Jourdain.*

Se ti sabir,
Ti respondir :
Se non sabir,
Tazir, tazir.
Mi star Muphti;
Ti qui star ti?
Non intendir ;
Tazir tazir.

(*Deux Dervis font retirer monsieur Jourdain.*)

SCÈNE XI

LE MUPHTI, DERVIS, TURCS, *chantants et*
dansants.

LE MUPHTI.

Dice, Turque, qui star quista?
Anabatista? Anabatista?

LES TURCS.

Ioc.

LE MUPHTI.

Zuinglista?

LES TURCS.

Ioc.

LE MUPHTI.

Coffita?

LES TURCS.

Ioc.

LE MUPHTI.

Ussita? Morista? Fronista?

LES TURCS.

Ioc, ioc, ioc.

LE MUPHTI.

Ioc, ioc, ioc. Star pagana?

LES TURCS.

Ioc.

LE MUPHTI.

Luterana?

LES TURCS.

Ioc.

LE MUPHTI.

Puritana?

LES TURCS.

Ioc.

LE MUPHTI.

Bramina? Moffina? Zurina?

LES TURCS.

Ioc, ioc, ioc.

LE MUPHTI.

Ioc, ioc, ioc. Mahamétana? Mahamétana?

LES TURCS.

Hi valla. Hi valla.

LE MUPHTI.

Como chamara? Como chamara?

LES TURCS.

Giourdina, Giourdina.

LE MUPHTI, *sautant.*

Giourdina, Giourdina.

LES TURCS.

Giourdina, Giourdina.

LE MUPHTI.

Mahaméta, per Giourdina;
Mi pregar sera e matina.
Voler far un Paladina
De Giourdina, de Giourdina;
Dar turanta e dar scarrina,
Con galera e brigantina,
Per deffender Palestina.
Mahaméta, per Giourdina,
Mi pregar sera e matina.
(*Aux Turcs.*)
Star bon Turca Giourdina?

LES TURCS.

Hi valla. Hi valla.

LE MUPHTI, *dansant et chantant.*
Ha la ba, ba la chou, ba la ba, ba la da.

LES TURCS.

Ha la ba, ba la chou, ba la ba; ba la da.

SCÈNE XII

TURCS, *chantants et dansants.*

DEUXIÈME ENTRÉE DE BALLET.

SCÈNE XIII

LE MUPHTI, DERVIS, MONSIEUR JOURDAIN ; TURCS *chantants et dansants.*

Le Muphti revient coiffé avec son turban de cérémonie, qui est d'une grosseur démesurée, et garni de bougies allumées à quatre ou cinq rangs : il est accompagné de deux Dervis qui portent l'Alcoran, et qui ont des bonnets pointus, garnis aussi de bougies allumées.

Les deux autres Dervis amènent monsieur Jourdain, et le font mettre a genoux les mains par terre : de façon que son dos, sur lequel est mis l'Alcoran, sert de pupître au Muphti, qui fait une seconde invocation burlesque, fronçant le sourcil, frappant de temps en temps sur l'Alcoran, et tournant les feuillets avec précipitation ; après quoi, en levant les yeux au ciel, le Muphti crie à haute voix : Hou.

Pendant cette seconde invocation, les Turcs assistants, s'inclinant et se relevant alternativement, chantent aussi : Hou, hou, hou.

MONSIEUR JOURDAIN, *après qu'on lui a ôté l'Alcoran de dessus le dos.*

Ouf.

LE MUPHTI, *à monsieur Jourdain.*

Ti non star furba ?

LES TURCS.

No , no , no.

LE MUPHTI.

No star forfanta ?

LES TURCS

No, no, no.

LE MUPHTI, *aux Turcs.*
Donar turbanta?

LES TURCS.

Ti non star furba?
No, no, no.
Non star forfanta?
No, no, no.
Donar turbanta

TROISIÈME ENTRÉE DE BALLET.

Les Turcs dansants mettent le turban sur la tête de monsieur Jourdain au son des instruments.

LE MUPHTI, *donnant le sabre à monsieur Jourdain*
Ti star nobile, non star fabbola :
Pigliar sciabbola.

LES TURCS, *mettant le sabre à la main.*
Ti star nobile, non star fabbola :
Pigliar sciabbola.

QUATRIÈME ENTRÉE DE BALLET.

Les Turcs dansants donnent, en cadence, plusieurs coups de sabre à monsieur Jourdain.

LE MUPHTI.

Dara, dara.
Bastonala.

LES TURCS.

Dara, dara.
Bastonala,

CINQUIÈME ENTRÉE DE BALLET.

Les Turcs dansants donnent à monsieur Jour-
dain des coups de bâton en cadence.

Non tener onta,
Questa star l'ultima affronta.

LES TURCS.

Non tener onta,
Questa star l'ultima affronta.

Le Muphti commence une troisième invocation.
Les Dervis le soutiennent par-dessous les bras avec
respect; après quoi les Turcs chantants et dan-
sants, sautant autour du Muphti, se retirent avec
lui et emmènent monsieur Jourdain.

FIN DU QUATRIÈME ACTE.

ACTE CINQUIEME

SCÈNE PREMIÈRE

MADAME JOURDAIN, MONSIEUR JOURDAIN

MADAME JOURDAIN.

Ah, mon Dieu! miséricorde! Qu'est-ce que c'est donc que cela? quelle figure! Est-ce un momon que vous allez porter? et est-il temps d'aller en masque? Parlez donc, et qu'est-ce que c'est que ceci? Qui vous a fagoté comme cela?

MONSIEUR JOURDAIN.

Voyez l'impertinente, de parler de la sorte à un *mamamouchi!*

MADAME JOURDAIN.

Comment donc?

MONSIEUR JOURDAIN.

Oui, il me faut porter du respect maintenant, et l'on vient de me faire *mamamouchi.*

MADAME JOURDAIN.

Que voulez-vous dire avec votre *mamamouchi?*

MONSIEUR JOURDAIN.

Mamamouchi, vous dis-je. Je suis *mama-mouchi*.

MADAME JOURDAIN.

Quelle bête est-ce là?

MONSIEUR JOURDAIN.

Mamamouchi, c'est-à-dire en notre langue, *paladin*.

MADAME JOURDAIN.

Baladin? Etes-vous en âge de danser dans des ballets?

MONSIÊUR JOURDAIN.

Quelle ignorante! je dis paladin; c'est une dignité dont on vient de me faire la cérémonie.

MADAME JOURDAIN.

Quelle cérémonie donc?

MONSIEUR JOURDAIN.

Mahaméta per Giourdina.

MADAME JOURDAIN.

Qu'est-ce que cela veut dire?

MONSIEUR JOURDAIN.

Giourdina, c'est-à-dire Jourdain.

MADAME JOURDAIN.

Eh bien, quoi, Jourdain?

MONSIEUR JOURDAIN.

Voler far un paladina de Giourdina.

MADAME JOURDAIN.

Comment?

MONSIEUR JOURDAIN.

Dar turbanta con galera.

MADAME JOURDAIN.

Qu'est-ce à dire cela?

MONSIEUR JOURDAIN.

Per deffender Palestina.

MADAME JOURDAIN.

Que voulez-vous donc dire ?

MONSIEUR JOURDAIN.

Dara, dara bastonata.

MADAME JOURDAIN.

Qu'est-ce donc que ce jargon-là?

MONSIEUR JOURDAIN.

Non tener onta, questa star l'ultima affronta.

MADAME JOURDAIN.

Qu'est-ce donc que cela?

MONSIEUR JOURDAIN, *chantant et dansant.*

Hou la ba, ba la chou, ba la ba, ba la da.
(*Il tombe par terre.*)

MADAME JOURDAIN.

Hélas, mon Dieu! mon mari est devenu fou.

MONSIEUR JOURDAIN, *se relevant et s'en allant.*

Paix, insolente! Portez respect à monsieur le *mamamouchi.*

MADAME JOURDAIN, *seule.*

Où est-ce donc qu'il a perdu l'esprit ? Courons l'empêcher de sortir. (*apercevant Dori-*

mène et Dorante.) Ah, ah! voici justement le reste de notre écu. Je ne vois que chagrins de tous côtés.

SCÈNE II

DORANTE, DORIMÈNE.

DORANTE.

Oui, madame, vous verrez la plus plaisante chose qu'on puisse voir, et je ne crois pas que dans tout le monde il soit possible de trouver encore un homme aussi fou que celui-là. Et puis, madame, il faut tâcher de servir l'amour de Cléonte, et d'appuyer toute sa mascarade. C'est un fort galant homme, et qui mérite que l'on s'intéresse pour lui.

DORIMÈNE.

J'en fais beaucoup de cas, et il est digne d'une bonne fortune.

DORANTE.

Outre cela, nous avons ici, madame, un ballet qui nous revient, que nous ne devons pas laisser perdre; et il faut bien voir si mon idée pourra réussir.

DORIMÈNE.

J'ai vu là des apprêts magnifiques; et ce sont des choses, Dorante, que je ne puis plus souffrir. Oui, je veux enfin vous empêcher vos profusions; et, pour rompre le cours à toutes les dépenses que je vous vois faire pour moi, j'ai résolu de me marier promptement avec vous. C'en est le vrai secret; et toutes ces choses finissent avec le mariage.

DORANTE.

Ah, madame ! est-il possible que vous ayez pu prendre pour moi une si douce résolution ?

DORIMÈNE.

Ce n'est que pour vous empêcher de vous ruiner ; et, sans cela, je vois bien qu'avant qu'il fût peu vous n'auriez pas un sou.

DORANTE.

Que j'ai d'obligation, madame, aux soins que vous avez de conserver mon bien ! Il est entièrement à vous, aussi bien que mon cœur, et vous en userez de la façon qu'il vous plaira.

DORIMÈNE.

J'userai bien de tous les deux. Mais voici notre homme ; la figure en est admirable.

SCÈNE III

MONSIEUR JOURDAIN, DORIMÈNE, DORANTE.

DORANTE.

Monsieur, nous venons rendre hommage, madame et moi, à votre nouvelle dignité, et nous réjouir avec vous du mariage que vous faites de votre fille avec le fils du Grand-Turc.

MONSIEUR JOURDAIN, *après avoir fait les révérences à la turque.*

Monsieur, je vous souhaite la force des serpents et la prudence des lions.

DORIMÈNE.

J'ai été bien aise d'être des premières, monsieur, à venir vous féliciter du haut degré de gloire où vous êtes monté.

MONSIEUR JOURDAIN.

Madame, je vous souhaite toute l'année votre rosier fleuri. Je vous suis infiniment obligé de prendre part aux honneurs qui m'arrivent: et j'ai beaucoup de joie de vous voir revenue ici, pour vous faire les très-humbles excuses de l'extravagance de ma femme.

DORIMÈNE.

Cela n'est rien : j'excuse en elle un pareil mouvement. Votre cœur lui doit être précieux ; et il n'est pas étrange que la possession d'un homme comme vous puisse inspirer quelques alarmes.

MONSIEUR JOURDAIN.

La possession de mon cœur est une chose qui vous est tout acquise.

DORANTE.

Vous voyez, madame, que monsieur Jourdain n'est pas de ces gens que les prospérités aveuglent, et qu'il sait, dans sa grandeur, connaître encore ses amis.

DORIMÈNE.

C'est la marque d'une âme tout à fait généreuse.

DORANTE.

Où est donc Son Altesse turque! Nous voudrions bien, comme vos amis, lui rendre nos devoirs.

MONSIEUR JOURDAIN.

Le voilà qui vient ; et j'ai envoyé querir ma
fille pour lui donner la main.

SCÈNE IV

**MONSIEUR JOURDAIN, DORIMÈNE, DO-
RANTE ; CLÉONTE, *habillé en Turc.***

DORANTE , *à Cléonte.*

Monsieur, nous venons faire la révérence à
Votre Altesse comme amis de monsieur votre
beau-père, et l'assurer avec respect de nos très-
humbles services.

MONSIEUR JOURDAIN.

Où est le truchement, pour lui dire qui
vous êtes, et lui faire entendre ce que vous
dites ? Vous verrez qu'il vous répondra ; et il
parle turc à merveille. Holà ! Où diantre est-il
allé ? (*à Cléonte.*) *Strouf, strif, strof, straf :* monsieur est un *grande segnore, grande segnore,
grande segnore;* et madame une *granda dama,
granda dama.* (*Voyant qu'il ne se fait pas entendre.*) Ah ! (*à Cléonte, montrant Dorante.*) Monsieur, lui, *mamamouchi* français ; et madame,
mamamouchi française. Je ne puis pas parler
plus clairement. Bon ! voici l'interprète.

SCÈNE V

MONSIEUR JOURDAIN, DORIMÈNE, DO-
RANTE ; CLÉONTE, *habillé en Turc ;* CO-
VIELLE, *déguisé.*

MONSIEUR JOURDAIN.

Où allez-vous donc? Nous ne saurions rien
dire sans vous. (*Montrant Cléonte.*) Dites-lui un
peu que monsieur et madame sont des personnes de grande qualité, qui lui viennent
faire la révérence, comme mes amis, et l'assurer de leurs services.(*A Dorimène et à Dorante.*)
Vous allez voir comme il va répondre.

COVIELLE.

Alabala crociam acci boram alabamen.

CLÉONTE.

Cataléqui tubal ourin soter amalouchan.

MONSIEUR JOURDAIN, *à Dorimène et à Dorante.*
Voyez-vous?

COVIELLE.

Il dit : Que la pluie des prospérités arrose
en tout temps le jardin de votre famille.

MONSIEUR JOURDAIN.

Je vous l'avais bien dit qu'il parle turc.

DORANTE.

Cela est admirable!

SCÈNE VI

LUCILE, CLÉONTE, MONSIEUR JOUR-
DAIN, DORIMÈNE, DORANTE, CO-
VIELLE.

MONSIEUR JOURDAIN.

Venez, ma fille, approchez-vous, et venez
donner la main à monsieur, qui vous fait
l'honneur de vous demander en mariage.

LUCILE.

Comment, mon père! comme vous voilà
fait! Est-ce une comédie que vous jouez?

MONSIEUR JOURDAIN.

Non, non; ce n'est pas une comédie : c'est
une affaire fort sérieuse, et la plus pleine
d'honneur pour vous qui se peut souhaiter.
(*Montrant Cléonte.*) Voilà le mari que je vous
donne.

LUCILE.

A moi, mon père?

MONSIEUR JOURDAIN.

Oui, à vous. Allons, touchez-lui dans la
main, et rendez grâce au ciel de votre bonheur.

LUCILE.

Je ne veux point me marier.

MONSIEUR JOURDAIN.

Je le veux, moi qui suis votre père.

LUCILE.

Je n'en ferai rien.

MONSIEUR JOURDAIN.

Ah, que de bruit! Allons, vous dis-je; çà, votre main.

LUCILE.

Non, mon père : je vous l'ai dit, il n'est point de pouvoir qui me puisse obliger à prendre un autre mari que Cléonte; et je me résoudrai plutôt à toutes les extrémités, que de... (*Reconnaissant Cléonte.*) Il est vrai que vous êtes mon père, je vous dois entièrement obéissance; et c'est à vous de disposer de moi selon vos volontés.

MONSIEUR JOURDAIN.

Ah! je suis ravi de vous voir si promptement revenue dans votre devoir; et voilà qui me plaît, d'avoir une fille obéissante.

SCÈNE VII

MADAME JOURDAIN, CLÉONTE, MONSIEUR JOURDAIN, LUCILE, DORANTE, DORIMÈNE, COVIELLE.

MADAME JOURDAIN.

Comment donc! qu'est-ce donc que ceci? On dit que vous voulez donner votre fille en mariage à un carême-prenant.

MONSIEUR JOURDAIN.

Voulez-vous vous taire, impertinente? Vous venez toujours mêler vos extravagances à toutes choses, et il n'y a pas moyen de vous apprendre à être raisonnable.

MADAME JOURDAIN.

C'est vous qu'il n'y a pas moyen de rendre sage, et vous allez de folie en folie. Quel est votre dessein? et que voulez-vous faire avec cet assemblage?

MONSIEUR JOURDAIN.

Je veux marier notre fille avec le fils du Grand-Turc.

MADAME JOURDAIN.

Avec le fils du Grand-Turc?

MONSIEUR JOURDAIN.

Oui. (*montrant Covielle.*) Faites-lui faire vos compliments par le truchement que voilà.

MADAME JOURDAIN.

Je n'ai que faire du truchement; et je lui dirai bien moi-même, à son nez, qu'il n'aura point ma fille.

MONSIEUR JOURDAIN.

Voulez-vous vous taire, encore une fois?

DORANTE.

Comment! madame Jourdain, vous vous opposez à un bonheur comme celui-là? Vous refusez Son Altesse turque pour gendre?

MADAME JOURDAIN.

Mon Dieu, monsieur, mêlez-vous de vos affaires.

DORIMÈNE.

C'est une grande gloire, qui n'est pas à rejeter.

MADAME JOURDAIN.

Madame, je vous prie aussi de ne vous point embarrasser de ce qui ne vous touche pas.

DORANTE.

C'est l'amitié que nous avons pour vous qui nous fait intéresser dans vos avantages.

MADAME JOURDAIN.

Je me passerai bien de votre amitié.

DORANTE.

Voilà [votre fille qui consent aux volontés de son père.'

MADAME JOURDAIN.

Ma fille consent à épouser un Turc?

DORANTE.

Sans doute.

MADAME JOURDAIN

Elle peut oublier Cléonte?

[DORANTE.

Que ne fait-on pas pour être grande dame?

MADAME JOURDAIN.

Je l'étranglerais de mes mains si elle avait fait un coup comme celui-là.

MONSIEUR JOURDAIN.

Voilà bien du caquet. Je vous dis que ce mariage-là se fera.

MADAME JOURDAIN.

Je vous dis, moi, qu'il ne se fera point.

MONSIEUR JOURDAIN.

Ah, que de bruit!

LUCILE.

Ma mère...

MADAME JOURDAIN.

Allez, vous êtes un coquine.

MONSIEUR JOURDAIN, *à madame Jourdain.*

Quoi! vous la querellez de ce qu'elle m'obéit?

MADAME JOURDAIN.

Oui. Elle est à moi, aussi bien qu'à vous.

COVIELLE, *à madame Jourdain.*

Madame...

MADAME JOURDAIN.

Que me voulez-vous conter, vous?

COVIELLE.

Un mot.

MADAME JOURDAIN.

Je n'ai que faire de votre mot.

COVIELLE, *à monsieur Jourdain.*

Monsieur, si elle veut écouter une parole en particulier, je vous promets de la faire consentir à ce que vous voulez.

MADAME JOURDAIN.

Je n'y consentirai point.

COVIELLE.

Ecoutez-moi seulement.

MADAME JOURDAIN.

Non.

MONSIEUR JOURDAIN, *à madame Jourdain.*

Ecoutez-le.

MADAME JOURDAIN.

Non; je ne veux pas l'écouter.

MONSIEUR JOURDAIN.

Il vous dira...

MADAME JOURDAIN.

Je ne veux point qu'il me dise rien.

MONSIEUR JOURDAIN.

Voilà une grande obstination de femme ! Cela vous ferait-il mal de l'entendre?

COVIELLE.

Ne faites que m'écouter ; vous ferez après ce qu'il vous plaira.

MADAME JOURDAIN.

Eh bien ! quoi ?

COVIELLE, *bas à madame Jourdain.*

Il y a une heure, madame, que nous vous faisons signe. Ne voyez-vous pas bien que tout ceci n'est fait que pour nous ajuster aux visions de votre mari, que nous l'abusons sous ce déguisement, et que c'est Cléonte lui-même qui est le fils du Grand-Turc?

MADAME JOURDAIN, *bas à Covielle.*

Ah, ah!

COVIELLE, *bas à madame Jourdain.*

Et moi, Covielle, qui suis le truchement?

MADAME JOURDAIN, *bas à Covielle.*

Ah ! comme cela, je me rends.

COVIELLE, *bas à madame Jourdain.*

Ne faites pas semblant de rien.

MADAME JOURDAIN, *haut.*

Oui, voilà qui est fait ; je consens au mariage.

MONSIEUR JOURDAIN.

Ah! voilà tout le monde raisonnable. (*A*

madame Jourdain.) Vous ne vouliez pas l'écouter. Je savais bien qu'il vous expliquerait ce que c'est que le fils du Grand-Turc.

MADAME JOURDAIN.

Il me l'a expliqué comme il faut, et j'en suis satisfaite. Envoyons querir un notaire.

DORANTE.

C'est fort bien dit. Et afin, madame Jourdain, que vous puissiez avoir l'esprit tout à fait content, et que vous perdiez aujourd'hui toute la jalousie que vous pourriez avoir conçue de monsieur votre mari, c'est que nous nous servirons du même notaire pour nous marier, madame et moi.

MADAME JOURDAIN.

Je consens aussi à cela.

MONSIEUR JOURDAIN, *bas à Dorante.*

C'est pour lui faire accroire.

DORANTE, *bas à monsieur Jourdain.*

Il faut bien l'amuser avec cette feinte.

MONSIEUR JOURDAIN, *bas.*

Bon, bon. (*Haut.*) Qu'on aille querir le notaire.

DORANTE.

Tandis qu'il viendra et qu'il dressera les contrats, voyons notre ballet, et donnons-en le divertissement à Son Altesse turque.

MONSIEUR JOURDAIN.

C'est fort bien avisé. Allons prendre nos places.

MADAME JOURDAIN.

Et Nicole?

MONSIEUR JOURDAIN.

Je la donne au truchement; et ma femme, à qui la voudra.

COVIELLE.

Monsieur, je vous remercie. (*A part.*) Si l'on en peut voir un plus fou, je l'irai dire à Rome.

BALLET DES NATIONS

—

PREMIÈRE ENTRÉE

UN DONNEUR DE LIVRES, dansant; IMPORTUNS, dansants; DEUX HOMMES DU BEL AIR, DEUX FEMMES DU BEL AIR, DEUX GASCONS, UN SUISSE, UN VIEUX BOURGEOIS BABILLARD, UNE VIEILLE BOURGEOISE BABILLARDE, TROUPE DE SPECTATEURS, chantants.

CHŒUR DE SPECTATEURS, *au Donneur de livres.*

A moi. monsieur, à moi, de grâce, à moi, monsieur!
Un livre, s'il vous plaît, à votre serviteur.

PREMIER HOMME DU BEL AIR.

Monsieur, distinguez-nous parmi les gens qui crient :
Quelques livres ici; les dames vous en prient.

SECOND HOMME DU BEL AIR.

Holà, monsieur! monsieur, ayez la charité
D'en jeter de notre côté!

PREMIÈRE FEMME DU BEL AIR.

Mon Dieu, qu'aux personnes bien faites
On sait peu rendre honneur céans !

SECONDE FEMME DU BEL AIR.

Ils n'ont des livres et des bancs
Que pour mesdames les grisettes.

PREMIER GASCON.

Ha! l'homme aux libres ; qu'on m'en raille ;
J'ai déjà lé poulmon usé.
Bous boyez que chacun mé raille,
Et jé suis escandalisé
Dé boir ès mains de la canaille
Cé qui m'est par bous refusé.

SECOND GASCON.

Hé ! cadédis, monsu, boyez qui l'on put être.
Un libret, je bous prie, au varon d'Asbarat.
  Jé pense, mordi, qué lé fat
  N'a pas l'honnur dé mé connaître.

UN SUISSE.

Montsir, le donnair de papieir,
Que veut dir' sti façon de fifre ?
Moi, l'écorchair tout mon gosieir
  A crieir,
Sans que je pouvre afoir ein lifre :
Pardi, mon foi, montsir, je pense vous l'être ifre!

Le Donneur de livres, fatigué par les impor-
tuns, qu'il trouve toujours sur ses pas, se retire
en colère.

UN VIEUX BOURGEOIS BABILLARD.

De tout ceci, franc et net,
  Je suis mal satisfait.
Et cela, sans doute, est laid,
  Que notre fille,
Si bien faite et si gentille.
De tant d'amoureux l'objet,
  N'ait pas à son souhait
  Un livre de ballet,
  Pour lire le sujet
Du divertissement qu'on fai
Et que toute notre famil
  Si proprement s'habille
Pour être placée au sommet

De la salle, où l'on met
Les gens de l'intriguet.
De tout ceci. franc et net,
Je suis mal satisfait ;
Et cela, sans doute, est laid.

UNE VIEILLE BOURGEOISE BABILLARDE.

Il est vrai que c'est une honte ;
Le sang au visage me monte,
Et ce jeteur de vers, qui manque au capital,
L'entend fort mal.
C'est un brutal,
Un vrai cheval,
Franc animal,
De faire si peu de compte
D'une fille qui fait l'ornement principal
Du quartier du Palais-Royal
Et que ces jours passés un comte
Fut prendre la première au bal.
Il l'entend mal :
C'est un brutal,
Un vrai cheval,
Franc animal.

HOMMES DU BEL AIR.

Ah, quel bruit !

FEMMES DU BEL AIR.

Quel fracas! quel chaos! quel mélange!

HOMMES DU BEL AIR.

Quelle confusion! quelle cohue étrange!
Quel désordre! quel embarras!

PREMIÈRE FEMME DU BEL AIR.

On y sèche.

SECONDE FEMME DU BEL AIR.

L'on n'y tient pas.

PREMIER GASCON.

Bentré, jé suis à vout.

SECOND GASCON.

J'enragé, Dieu, mé damne

LE SUISSE.

Ah! que li faire saif dans sti sal' de c'ans!

PREMIER GASCON.

Jé murs.

SECOND GASCON.

Jé perds la tramontane.

LE SUISSE.

Mon foi, moi, le foudrais être dehors de dedans.

LE VIEUX BOURGEOIS BABILLARD.

Allons, ma mie,
Suivez mes pas,
Je vous en prie,
Et ne me quittez pas.
On fait de nous trop peu de cas,
Et je suis las
De ce tracas.
Tout ce fracas,
Cet embarras
Me pèse par trop sur les bras.
S'il me prend jamais envie
De retourner de ma vie
A ballet ni comédie,
Je veux bien qu'on m'estropie.
Allons, ma mie,
Suivez mes pas,
Je vous en prie,
Et ne me quittez pas.
On fait de nous trop peu de cas.

LA VIEILLE BOURGEOISE BABILLARDE.

Allons, mon mignon, mon fils,
Regagnons notre logis,
Et sortons de ce taudis
Où l'on ne peut être assis.
Ils seront bien ébaubis
Quand ils nous verront partis.
Trop de confusion règne dans cette salle,
Et j'aimerais mieux être au milieu de la halle.
Si jamais je reviens à semblable régale,
Je veux bien recevoir des soufflets plus de six.

Allons, mon mignon, mon fils,
Regagnons notre logis,
Et sortons de ce taudis
Où l'on ne peut être assis.

Le Donneur de livres revient avec les Impor-
tuns qui l'ont suivi.

CHŒUR DE SPECTATEURS.

A moi, monsieur, à moi ! de grâce, à moi, monsieur !
Un livre, s'il vous plaît, à votre serviteur.

Les Importuns, ayant pris des livres des mains
de celui qui les donne, les distribuent aux spec-
tateurs, pendant que le Donneur de livres danse ;
après quoi ils se joignent à lui, et forment la
première entrée.

DEUXIÈME ENTRÉE.

ESPAGNOLS.

TROIS ESPAGNOLS, chantants ; ESPAGNOLS,
dansants.

PREMIER ESPAGNOL.

Sé que me muero de amor,
Y solicito el dolor.

Aun muriendo de querer,
De tan buen aire adolezco,
Que es mas de lo que padezco,
Lo que quiero padecer ;
Y no pudiendo exceder
A mi deseo el rigor.
Sé que me muero de amor,
Y solicito el dolor.

Lisonjea me la suerte
Con piedad tan advertida,
Que me asegura la vida
En el riesgo de la muerte.

Vivir del golpe fuerte
Es de mi salud primor.
Sé que me muero de amor,
Y solicito el dolor.

*Danse de six Espagnols, après laquelle deux
autres Espagnols dansent ensemble.*

PREMIER ESPAGNOL.

Ay ! que locura, con tanta rigor
Quejarse de Amor,
Del nino bonito
Que todo es dulzura!
Ay! que locura!
Ay! que locura!

SECOND ESPAGNOL.

El dolor solicita
El que al dolor se da :
Y nadie de amor muere,
Sino quien no sabe amar.

PREMIER ET SECOND ESPAGNOLS.

Dulce muerte es el amor
Con correspondencia igual ;
Y si esto gozamos hoy,
Porque la quieres turbar ?

TROISIÈME ESPAGNOL.

Alegrese enamorado,
Y tome mi parecer,
Que en aquesto de querer
Todo es hallar el vado.

TOUS TROIS ENSEMBLE.

Vaya, vaya de fiesta!
Vaya de bayle!
Alegria, alegria, alegria!
Que esto de dolor es fantasia.

TROISIÈME ENTRÉE.

ITALIENS.

UNE ITALIENNE, chantant; UN ITALIEN, chantant;
ARLEQUIN, TRIVELINS et SCARAMOUCHES, dansants.

L'ITALIENNE.

Di rigori armata il seno,
Contro Amor mi ribellai ;
Ma fui vinta in un baleno
Al mirar due vaghi rai.
Ahi ! che resiste poco
Cor di gelo a stral di fuoco !

Ma si caro è'l mio tormento,
Dolce è si la piaga mia,
Che 'l penare è mio contento,
E 'l sanarmi è tirannia ;
Ahi ! che più giova e piace,
Quanto amor è più vivace !

*Deux Scaramouches et deux Trivelins représen-
tent avec Arlequin une nuit, à la manière des
comédiens italiens.*

L'ITALIEN.

Bel tempo che vola
Rapisce il contento :
D'Amor nella scuola
Si coglie il momento.

L'ITALIENNE.

Insin che florida
Ride l'età,
Che pur tropp' orrida,
Da noi sen va.

TOUS DEUX ENSEMBLE.

Sù cantiamo,
Sù godiamo,
Ne' bei di di gioventù :
Perduto ben non si racquista più.

L'ITALIEN.

Pupilla ch' è vaga
Mille alme incatena,
Fà dolce la piaga,
Felice la pena.

L'ITALIENNE.

Ma poichè frigida
Langue l'età.
Più l'alma rigida
Fiamme non ha.

TOUS DEUX ENSEMBLE.

Sù cantiamo,
Sù godiamo,
Ne' bei dì di gioventù :
Perduto ben non si racquista più.

Les Scaramouches et les Trivelins finissent l'entrée par une danse.

QUATRIÈME ENTRÉE.

FRANÇAIS.

DEUX POITEVINS chantants et dansants; POITEVINS
et POITEVINES dansants.

PREMIER POITEVIN.

Ah! qu'il fait beau dans ces bocages !
Ah ! que le ciel donne un beau jour !

SECOND POITEVIN.

Le rossignol, sous ces tendres feuillages,
Chante aux échos son doux retour.
Ce beau séjour,
Ces doux ramages,
Ce beau séjour
Nous invite à l'amour.

TOUS DEUX ENSEMBLE.

Vois, ma Climène,
Vois, sous ce chêne,

S'entre-baiser ces oiseaux amoureux;
Ils n'ont rien dans leurs vœux
Qui les gêne ;
De leurs doux feux
Leur âme est pleine :
Qu'ils sont heureux !
Nous pouvons tous deux,
Si tu le veux,
Etre comme eux.

Trois Poitevins et trois Poitevines dansent ensemble.

CINQUIÈME ET DERNIÈRE ENTRÉE.

Les Espagnols, les Italiens et les Français se mêlent ensemble et forment la dernière entrée.

CHŒUR DE SPECTATEURS.

Quels spectacles charmants! quels plaisirs goûtons-
nous!
Les dieux mêmes, les dieux, n'en ont pas de plus doux!

FIN DU BOURGEOIS GENTILHOMME.

LA

COMTESSE D'ESCARBAGNAS

COMÉDIE EN UN ACTE

(1671)

PERSONNAGES

LA COMTESSE D'ESCARBAGNAS.

LE COMTE, son fils.

LE VICOMTE, amant de JULIE.

JULIE, amante du Vicomte.

MONSIEUR TIBAUDIER, conseiller, amant de la Comtesse.

MONSIEUR HARPIN, receveur des tailles autre amant de la Comtesse.

M. BOBINET, précepteur de M. le Comte.

ANDRÉE, suivante de la Comtesse.

JEANNOT, valet de M. Tibaudier.

CRIQUET. valet de la Comtesse.

La scène est à Angoulème.

LA
COMTESSE D'ESCARBAGNAS

SCÈNE PREMIÈRE

JULIE, LE VICOMTE.

LE VICOMTE.
Eh quoi! madame, vous êtes déjà ici?

JULIE.
Oui; vous en devriez rougir, Cléante; et il
n'est guère honnête à un amant de venir le
dernier au rendez-vous.

LE VICOMTE.
Je serais ici il y a une heure s'il n'y avait
point de fâcheux au monde; et j'ai été arrêté
en chemin par un vieux importun de qualité,
qui m'a demandé tout exprès des nouvelles
de la cour pour trouver moyen de m'en dire
des plus extravagantes qu'on puisse débiter;
et c'est là, comme vous savez, le fléau des petites villes, que ces grands nouvellistes qui
cherchent partout où répandre les contes qu'ils
ramassent. Celui-ci m'a montré d'abord deux
feuilles de papier pleines jusqu'aux bords d'un
grand fatras de balivernes, qui viennent,
m'a-t-il dit, de l'endroit le plus sûr du monde.
Ensuite, comme d'une chose fort curieuse, il

m'a fait avec un grand mystère une fatigante
lecture de toutes les méchantes plaisanteries
de la gazette de Hollande, dont il épouse les
intérêts. Il tient que la France est battue en
ruine par la plume de cet écrivain, et qu'il
ne faut que ce bel esprit pour défaire toutes
nos troupes ; et de là s'est jeté à corps perdu
dans le raisonnement du ministère, dont il remarque tous les défauts, et dont j'ai cru qu'il
ne sortirait point. A l'entendre parler, il sait
les secrets du cabinet mieux que ceux qui les
font. La politique de l'Etat lui laisse voir tous
ses desseins ; et elle ne fait pas un pas dont
il ne pénètre les intentions. Il nous apprend
les ressorts cachés de tout ce qui se fait, nous
découvre les vues de la prudence de nos voi-
sins, et remue à sa fantaisie toutes les affaires
de l'Europe. Ses intelligences même s'étendent jusqu'en Afrique et en Asie ; et il est in-
formé de tout ce qui s'agite dans le conseil
d'en haut du Prêtre-Jean, et du Grand-Mogol.

JULIE.

Vous parez votre excuse du mieux que vous
pouvez, afin de la rendre agréable et faire
qu'elle soit plus aisément reçue.

LE VICOMTE.

C'est là, belle Julie, la véritable cause de
mon retardement : et si je voulais y donner
une excuse galante, je n'aurais qu'à vous dire
que le rendez-vous que vous voulez prendre
peut autoriser la paresse dont vous me querellez ; que m'engager à faire l'amant de la
maîtresse du logis, c'est me mettre en état de
craindre de me trouver ici le premier ; que
cette feinte où je me force n'étant que pour
vous plaire, j'ai lieu de ne vouloir en souffrir
la contrainte que devant les yeux qui s'en di-
vertissent que j'évite le tête-à-tête avec cette

comtesse ridicule dont vous m'embarrassez ;
et, en un mot, que, ne venant ici que pour
vous, j'ai toutes les raisons du monde d'attendre que vous y soyez.

JULIE.

Nous savons bien que vous ne manquerez
jamais d'esprit pour donner de belles couleurs
aux fautes que vous pourrez faire. Cependant,
si vous étiez venu une demi-heure plus tôt,
nous aurions profité de tous ces moments;
car j'ai trouvé en arrivant que la comtesse
était sortie, et je ne doute point qu'elle ne soit
allée par la ville se faire honneur de la comédie que vous me donnez sous son nom.

LE VICOMTE.

Mais tout de bon, madame, quand voulez-
vous mettre fin à cette contrainte, et me faire
moins acheter le bonheur de vous voir?

JULIE.

Quand nos parents pourront être d'accord;
ce que je n'ose espérer. Vous savez, comme
moi, que les démêlés de nos deux familles ne
nous permettent point de nous voir autre
part, et que mes frères, non plus que votre
père, ne sont pas assez raisonnables pour
souffrir notre attachement.

LE VICOMTE.

Mais pourquoi ne pas mieux jouir du rendez-
vous que leur inimitié nous laisse, et me con-
traindre à perdre en une sotte feinte les moments que j'ai près de vous?

JULIE.

Pour mieux cacher notre amour. Et puis, à
vous dire la vérité, cette feinte dont vous
parlez m'est une comédie fort agréable; et je

ne sais si celle que vous me donnez aujour-
d'hui me divertira davantage. Notre comtesse
d'Escarbagnas, avec son perpétuel entêtement
de qualité, est un aussi bon personnage qu'on
en puisse mettre sur le théâtre. Le petit
voyage qu'elle a fait à Paris l'a ramenée dans
Angoulême plus achevée qu'elle n'était. L'approche de l'air de la cour a donné à son ridicule de nouveaux agréments ; et sa sottise
tous les jours ne fait que croître et embellir.

LE VICOMTE.

Oui ; mais vous ne considérez pas que le
jeu qui vous divertit tient mon cœur au supplice, et qu'on n'est point capable de se jouer
longtemps, lorsqu'on a dans l'esprit une passion aussi sérieuse que celle que je sens pour
vous. Il est cruel, belle Julie, que cet amuse-
ment dérobe à mon amour un temps qu'il
voudrait employer à vous expliquer son ardeur ; et cette nuit j'ai fait là-dessus quelques
vers que je ne puis m'empêcher de vous ré-
citer sans que vous me le demandiez, tant la
démangeaison de dire ses ouvrages est un vice
attaché à la qualité de poëte :

C'est trop longtemps, Iris, me mettre à la torture...

Iris, comme vous le voyez, est mis là pour
Julie.

C'est trop longtemps, Iris, me mettre à la torture ;
Et si je suis vos lois, je les blâme tout bas
De me forcer à taire un tourment que j'endure,
Pour déclarer un mal que je ne ressens pas.

Faut-il que vos beaux yeux, à qui je rends les armes,
Veuillent se divertir de mes tristes soupirs ?
Et n'est-ce pas assez de souffrir pour vos charmes,
Sans me faire souffrir encor pour vos plaisirs ?

C'en est trop à la fois que ce double martyre ;
Et ce qu'il me faut faire, et ce qu'il me faut dire,
Exerce sur mon cœur pareille cruauté :

L'amour le met en feu, la contrainte le tue ;
Et, si par la pitié vous n'êtes combattue,
Je meurs et de la feinte et de la vérité.

JULIE.

Je vois que vous vous faites là bien plus
maltraité que vous n'êtes ; mais c'est une licence que prennent messieurs les poëtes de
mentir de gaîté de cœur, et de donner à leurs
maîtresses des cruautés qu'elles n'ont pas,
pour s'accommoder aux pensées qui leur peuvent venir. Cependant je serai bien aise que
vous me donniez ces vers par écrit.

LE VICOMTE.

C'est assez de vous les avoir dits, et je dois
en demeurer là. Il est permis d'être parfois
assez fou pour faire des vers, mais non pour
vouloir qu'ils soient vus.

JULIE.

C'est en vain que vous vous retranchez sur
une fausse modestie : on sait dans le monde
que vous avez de l'esprit : et je ne vois pas la
raison qui vous oblige à cacher les vôtres.

LE VICOMTE.

Mon Dieu, madame, marchons là-dessus,
s'il vous plaît, avec beaucoup de retenue ; il
est dangereux dans le monde de se mêler d'a-
voir de l'esprit. Il y a là-dedans un certain ridicule qu'il est facile d'attraper, et nous
avons de nos amis qui me font craindre leur
exemple.

JULIE.

Mon Dieu, Cléante, vous avez beau dire, je
vois avec tout cela que vous mourez d'envie
de me les donner ; et je vous embarrasserais
si je faisais semblant de ne m'en pas soucier.

LE VICOMTE.

Moi, madame ? vous vous moquez ; et je ne
suis pas si poëte que vous pourriez bien croire,
pour... Mais voici votre madame la comtesse
d'Escarbagnas. Je sors par l'autre porte pour
ne la point trouver, et vais disposer tout
mon monde au divertissement que je vous ai
promis.

SCÈNE II

LA COMTESSE, JULIE, ANDRÉE et CRIQUET
dans le fond du théâtre.

LA COMTESSE.

Ah ! mon Dieu, madame ! vous voilà toute
seule ! Quelle pitié est-ce là ! Toute seule ! Il
me semble que mes gens m'avaient dit que le
vicomte était ici.

JULIE.

Il est vrai qu'il y est venu ; mais c'est assez
pour lui de savoir que vous n'y étiez pas, pour
l'obliger à sortir.

LA COMTESSE.

Comment ! il vous a vue !

JULIE.

Oui.

LA COMTESSE.

Et il ne vous a rien dit ?

JULIE.

Non, madame ; et il a voulu témoigner par
là qu'il est tout entier à vos charmes.

LA COMTESSE.

Vraiment, je le veux quereller de cette action. Quelque amour que l'on ait pour moi,

j'aime que ceux qui m'aiment rendent ce qu'ils doivent au sexe ; et je ne suis point de l'humeur de ces femmes injustes qui s'applaudissent des incivilités que leurs amants font aux autres belles.

JULIE.

Il ne faut point, madame, que vous soyez surprise de son procédé. L'amour que vous lui donnez éclate dans toutes ses actions, et l'empêche d'avoir des yeux que pour vous.

LA COMTESSE.

Je crois être en état de pouvoir faire naître une passion assez forte, et je me trouve pour cela assez de beauté, de jeunesse et de qualité, Dieu merci ; mais cela n'empêche pas qu'avec ce que j'inspire on ne puisse garder de l'honnêteté et de la complaisance pour les autres. (*Apercevant Criquet.*) Que faites-vous donc là, laquais? Est-ce qu'il n'y a pas une antichambre où se tenir, pour venir quand on vous appelle? Cela est étrange qu'on ne puisse avoir en province un laquais qui sache son monde ! A qui est-ce donc que je parle? Voulez-vous vous en aller là-dehors, petit fripon?

SCÈNE III

LA COMTESSE, JULIE, ANDRÉE.

LA COMTESSE.

Filles, approchez.

ANDRÉE.

Que vous plaît-il, madame?

LA COMTESSE.

Otez-moi mes coiffes. Doucement donc, maladroite : comme vous me saboulez la tête avec vos mains pesantes !

ANDRÉE.

Je fais, madame, le plus doucement que je puis.

LA COMTESSE.

Oui ; mais le plus doucement que vous pouvez est fort rudement pour ma tête, et vous me l'avez déboîtée : tenez encore ce manchon. Ne laissez point traîner tout cela, et portez-le dans ma garde-robe. Eh bien ! où va-t-elle ? où va-t-elle ? que veut-elle faire, cet oison bridé ?

ANDRÉE.

Je veux, madame, comme vous m'avez dit, porter cela aux garde-robes.

LA COMTESSE.

Ah, mon Dieu l'impertinente ! (*A Julie.*) Je vous demande pardon, madame. (*A Andrée.*) Je vous ai dit ma garde-robe, grosse bête, c'est-à-dire où sont mes habits.

ANDRÉE.

Est-ce, madame, qu'à la cour une armoire s'appelle une garde-robe ?

LA COMTESSE.

Oui, butorde ; on appelle ainsi le lieu où l'on met les habits.

ANDRÉE.

Je m'en ressouviendrai, madame, aussi bien que de votre grenier qu'il faut appeler garde-meuble.

SCÈNE IV

LA COMTESSE, JULIE.

LA COMTESSE.

Quelle peine il faut prendre pour instruire ces animaux-là !

JULIE.

Je les trouve bien heureux, madame, d'être sous votre discipline.

LA COMTESSE.

C'est une fille de ma mère nourrice que j'ai mise à la chambre, et elle est toute neuve encore.

JULIE.

Cela est d'une belle âme, madame ; et il est glorieux de faire ainsi des créatures.

LA COMTESSE.

Allons, des siéges. Holà, laquais ! laquais ! laquais ! En vérité, voilà qui est violent, de ne pouvoir pas avoir un laquais pour donner des siéges ! Filles ! laquais ! filles ! quelqu'un ! Je pense que tous mes gens sont morts, et que nous serons contraintes de nous donner des siéges nous-mêmes.

SCÈNE V

LA COMTESSE, JULIE, ANDRÉE.

ANDRÉE.

Que voulez-vous, madame ?

LA COMTESSE.

Il se faut bien égosiller avec vous autres !

ANDRÉE.

J'enfermais votre manchon et vos coiffes dans votre armoi... dis-je, dans votre garde-robe.

LA COMTESSE.

Appelez-moi ce petit fripon de laquais.

ANDRÉE.

Holà, Criquet!

LA COMTESSE.

Laissez là votre Criquet, bouvière; et appe-
lez laquais!

ANDRÉE.

Laquais donc, et non pas Criquet, venez parler à madame. Je pense qu'il est sourd, Criq...
Laquais! laquais!

SCÈNE VI

LA COMTESSE, JULIE, ANDREE, CRIQUET.

CRIQUET.

Plaît-il!

LA COMTESSE.

Où étiez-vous donc, petit coquin?

CRIQUET.

Dans la rue, madame.

LA COMTESSE.

Et pourquoi dans la rue?

CRIQUET.

Vous m'avez dit d'aller là-dehors.

LA COMTESSE.

Vous êtes un petit impertinent, mon ami,
et vous devez savoir que là-dehors, en termes
de personnes de qualité, veut dire l'antichambre. Andrée, ayez soin tantôt de faire donner
le fouet à ce petit fripon-là par mon écuyer;
c'est un petit incorrigible.

ANDRÉE.

Qu'est-ce que c'est, madame, que votre
écuyer? Est-ce maître Charles que vous ap-
pelez comme cela?

LA COMTESSE.

Taisez-vous, sotte que vous êtes; vous ne sauriez ouvrir la bouche que vous ne disiez une impertinence. (*A Criquet.*) Deux siéges. (*A Andrée.*) Et vous, allumez des bougies dans mes flambeaux d'argent; il se fait déjà tard. Qu'est-ce que c'est donc, que vous me regardez tout effarée?

ANDRÉE.

Madame...

LA COMTESSE.

Eh bien, madame! Qu'y a-t-il?

ANDRÉE.

C'est que...

LA COMTESSE.

Quoi?

ANDRÉE.

C'est que je n'ai point de bougies.

LA COMTESSE.

Comment! vous n'en avez point?

ANDRÉE.

Non, madame, si ce n'est des bougies de suif.

LA COMTESSE.

La bouvière! et où est donc la cire que je fis acheter ces jours passés.

ANDRÉE.

Je n'en ai point vu depuis que je suis céans.

LA COMTESSE.

Otez-vous de là, insolente. Je vous renvoierai chez vos parents. Apportez-moi un verre d'eau.

SCÈNE VII

LA COMTESSE et JULIE, *faisant des cérémonies pour s'asseoir.*

LA COMTESSE.

Madame!

JULIE.

Madame!

LA COMTESSE.

Ah, madame!

JULIE.

Ah, madame!

LA COMTESSE.

Mon Dieu, madame!

JULIE.

Mon Dieu, madame!

LA COMTESSE.

Oh, madame!

JULIE.

Oh, madame!

LA COMTESSE.

Eh, madame!

JULIE.

Eh, madame!

LA COMTESSE.

Eh! allons donc, madame!

JULIE.

Eh! allons donc, madame!

LA COMTESSE.

Je suis chez moi, madame. Nous sommes demeurées d'accord de cela. Me prenez-vous pour une provinciale, madame?

JULIE.

Dieu m'en garde, madame!

SCÈNE VIII

LA COMTESSE, JULIE ; ANDRÉE, *apportant un verre d'eau* ; CRIQUET.

LA COMTESSE, *à Andrée.*

Allez, impertinente, je bois avec une soucoupe. Je vous dis que vous m'alliez querir une soucoupe pour boire.

ANDRÉE.

Criquet, qu'est-ce que c'est qu'une soucoupe?

CRIQUET.

Une soucoupe ?

ANDRÉE.

Oui.

CRIQUET.

Je ne sais.

LA COMTESSE, *à Andrée*

Vous ne grouillez pas?

ANDRÉE.

Nous ne savons tous deux, madame, ce que c'est qu'une soucoupe.

LA COMTESSE.

Apprenez que c'est une assiette sur laquelle on met le verre.

SCÈNE IX

LA COMTESSE, JULIE.

LA COMTESSE.

Vive Paris pour être bien servie! on vous entend là au moindre coup d'œil.

SCÈNE X

LA COMTESSE, JULIE, ANDREE, *apportant un verre d'eau avec une assiette dessus,* CRIQUET

LA COMTESSE.

Eh bien! vous ai-je dit comme cela, tête de bœuf? C'est dessous qu'il faut mettre l'assiette.

ANDRÉE.

Cela est bien aisé (*Andrée casse le verre en le posant sur l'assiette*).

LA COMTESSE.

Eh bien! ne voilà pas l'étourdie! En vérité, vous me payerez mon verre.

ANDRÉE.

Eh bien, oui, madame, je le payerai.

LA COMTESSE.

Mais voyez cette maladroite, cette bouvière, cette butorde, cette...

ANDRÉE, *s'en allant.*

Dame! madame, si je le paye, je ne veux point être querellée.

LA COMTESSE.

Otez-vous de devant mes yeux.

SCÈNE XI

LA COMTESSE, JULIE.

LA COMTESSE.

En vérité, madame, c'est une chose étrange que les petites villes! on n'y sait point du tout son monde; et je viens de faire deux ou trois visites où ils ont pensé me désespérer par le peu de respect qu'ils rendent à ma qualité. .

JULIE.

Où auraient-ils appris à vivre? ils n'ont point fait de voyage à Paris.

LA COMTESSE.

Ils ne laisseraient pas de l'apprendre s'ils voulaient écouter les personnes : mais le mal que j'y trouve, c'est qu'ils veulent en savoir autant que moi qui ai été deux mois à Paris, et vu toute la cour.

JULIE.

Les sottes gens que voilà

LA COMTESSE.

Ils sont insupportables avec les impertinentes égalités dont ils traitent les gens. Car enfin il faut qu'il y ait de la subordination dans les choses : et ce qui me met hors de moi, c'est qu'un gentilhomme de ville de deux jours ou de deux cents ans aura l'effronterie de dire qu'il est aussi bien gentilhomme que feu monsieur mon mari, qui demeurait à la campagne, qui avait meute de chiens courants, et qui prenait la qualité de comte dans tous les contrats qu'il passait.

JULIE.

On sait bien mieux vivre à Paris, dans ces hôtels dont la mémoire doit être si chère. Cet hôtel de Mouhy, madame, cet hôtel de Lyon, cet hôtel de Hollande, les agréables demeures que voilà!

LA COMTESSE.

Il est vrai qu'il y a bien de la différence de ces lieux-là à tout ceci. On y voit venir du beau monde qui ne marchande point à vous rendre tous les respects qu'on saurait souhaiter. On ne s'en lève pas, si l'on veut, de dessus son siége ; et lorsque l'on veut voir la revue ou le grand ballet de Psyché, on est servie à point nommé.

JULIE.

Je pense, madame, que, durant votre séjour à Paris, vous avez fait bien des conquêtes de qualité.

LA COMTESSE.

Vous pouvez bien croire, madame, que tout ce qui s'appelle les galants de la cour n'a pas manqué de venir à ma porte et de m'en conter ; et je garde dans ma cassette de leurs billets, qui peuvent faire voir quelles propositions j'ai refusées. Il n'est pas nécessaire de vous dire leurs noms : on sait ce qu'on veut dire par les galants de la cour.

JULIE.

Je m'étonne, madame, que, de tous ces grands noms que je devine, vous ayez pu redescendre à un monsieur Tibaudier le conseiller, et à un monsieur Harpin le receveur des tailles. La chute est grande, je vous l'avoue ; car pour monsieur votre vicomte, quoique vicomte de province, c'est toujours un vicomte, et il peut faire un voyage à Paris, s'il n'en a point fait ; mais un conseiller et un receveur sont des amants un peu bien minces pour une grande comtesse comme vous.

LA COMTESSE.

Ce sont des gens qu'on ménage dans les provinces pour le besoin qu'on en peut avoir : ils servent au moins à remplir les vides de la galanterie, à faire nombre de soupirants ; et il est bon, madame, de ne pas laisser un amant seul maître du terrain, de peur que, faute de rivaux, son amour ne s'endorme sur trop de confiance.

JULIE.

Je vous avoue, madame, qu'il y a merveilleusement à profiter de tout ce que vous
dites ; c'est une école que votre conversation,
et j'y viens tous les jours attraper quelque
chose.

SCÈNE XII

LA COMTESSE, JULIE, ANDRÉE, CRIQUET

CRIQUET, *à la comtesse.*

Voilà Jeannot, de monsieur le conseiller,
qui vous demande, madame.

LA COMTESSE.

Eh bien, petit coquin, voilà encore de vos
âneries. Un laquais qui saurait vivre aurait
été parler tout bas à la demoiselle suivante,
qui serait venue dire doucement à l'oreille de
sa maîtresse : Madame, voilà le laquais de
monsieur un tel qui demande à vous dire un
mot ; à quoi la maîtresse aurait répondu :
Faites-le entrer.

SCÈNE XIII

LA COMTESSE, JULIE, ANDRÉE, CRIQUET,
JEANNOT

CRIQUET.

Entrez, Jeannot.

LA COMTESSE.

Autre lourderie! *à Jeannot.*) Qu'y a-t-il, laquais? que portes-tu là ?

JEANNOT.

C'est monsieur le conseiller, madame, qui

vous souhaite le bonjour, et, auparavant que
de venir, vous envoie des poires de son jardin
avec ce petit mot d'écrit.

LA COMTESSE.

C'est du bon-chrétien qui est fort beau. Andrée, faites porter cela à l'office.

SCÈNE XIV

LA COMTESSE, JULIE, CRIQUET, JEANNOT

LA COMTESSE, *donnant de l'argent à Jeannot.*

Tiens, mon enfant, voilà pour boire.

JEANNOT.

Oh, non, madame.

LA COMTESSE.

Tiens, te dis-je.

JEANNOT.

Mon maître m'a défendu, madame, de rien
prendre de vous.

LA COMTESSE.

Cela ne fait rien.

JEANNOT.

Pardonnez-moi, madame.

CRIQUET.

Eh, prenez Jeannot. Si vous n'en voulez
pas, vous me le baillerez.

LA COMTESSE.

Dis à ton maître que je le remercie.

CRIQUET, *à Jeannot qui s'en va.*

Donne-moi donc cela.

JEANNOT.

Oui!... quelque sot !...

CRIQUET.

C'est moi qui te l'ai fait prendre.

JEANNOT.

Je l'aurais bien pris sans toi.

LA COMTESSE.

Ce qui me plaît de ce M. Tibaudier, c'est qu'il sait vivre avec les personnes de ma qualité, et qu'il est fort respectueux.

SCÈNE XV

LE VICOMTE, LA COMTESSE, JULIE, CRIQUET.

LE VICOMTE.

Madame, je viens vous avertir que la comédie sera bientôt prête, et que dans un quart d'heure nous pouvons passer dans la salle.

LA COMTESSE.

Je ne veux point de cohue, au moins. (*A Criquet.*) Que l'on dise à mon suisse qu'il ne laisse entrer personne.

LE VICOMTE.

En ce cas, madame, je vous déclare que je renonce à la comédie ; et je n'y saurais prendre de plaisir lorsque la compagnie n'est pas nombreuse. Croyez-moi ; si vous voulez vous bien divertir, qu'on dise à vos gens de laisser entrer toute la ville.

LA COMTESSE.

Laquais, un siége. (*Au vicomte, après qu'il*

s'est assis.) Vous voilà venu à propos pour recevoir un petit sacrifice que je veux bien vous faire. Tenez, c'est un billet de M. Tibaudier qui m'envoie des poires. Je vous donne la liberté de le lire tout haut; je ne l'ai point encore vu.

LE VICOMTE, *après avoir lu tout bas le billet.*

Voici un billet de beau style, madame, et qui mérite d'être bien écouté :

« Madame, je n'aurais pas pu vous faire le » présent que je vous envoie si je ne recueil » lais pas plus de fruit de mon jardin que j'en » recueille de mon amour. »

LA COMTESSE.

Cela vous marque clairement qu'il ne se passe rien entre nous.

LE VICOMTE.

« Les poires ne sont pas encore bien mû » res; mais elles en cadrent mieux avec la » dureté de votre âme, qui, par ses continuels » dédains, ne me promet pas poires molles. » Trouvez bon, madame, que, sans m'engager » dans une énumération de vos perfections et » charmes, qui me jetterait dans un progrès » à l'infini, je conclue ce mot, en vous faisant » considérer que je suis d'un aussi franc chré » tien que les poires que je vous envoie, puis » que je rends le bien pour le mal ; c'est-à » dire, madame, pour m'expliquer plus intelli » giblement, puisque je vous présente des » poires de bon-chrétien pour des poires d'an » goisses que vos cruautés me font avaler » tous les jours.

» TIBAUDIER,

» votre esclave indigne. »

Voilà, madame, un billet à garder.

LA COMTESSE.

Il y a peut-être quelque mot qui n'est pas de l'Académie ; mais j'y remarque un certain respect qui me plaît beaucoup.

JULIE.

Vous avez raison, madame ; et, monsieur le vicomte, dût-il s'en offenser, j'aimerais un homme qui m'écrirait comme cela.

SCÈNE XVI

MONSIEUR TIBAUDIER, LE VICOMTE, LA COMTESSE, JULIE, CRIQUET.

LA COMTESSE.

Approchez, monsieur Tibaudier, ne craignez point d'entrer. Votre billet a été bien reçu, aussi bien que vos poires ; et voilà madame qui parle pour vous contre votre rival.

MONSIEUR TIBAUDIER.

Je lui suis bien obligé, madame ; et si elle a jamais quelque procès en notre siége, elle verra que je n'oublierai pas l'honneur qu'elle me fait de se rendre auprès de vos beautés l'avocat de ma flamme.

JULIE.

Vous n'avez pas besoin d'avocat, monsieur ; et votre cause est juste.

MONSIEUR TIBAUDIER.

Ce néanmoins, madame, bon droit a besoin d'aide ; et j'ai sujet d'appréhender de me voir supplanté par un tel rival, et que madame ne soit circonvenue par la qualité de vicomte.

LE VICOMTE.

J'espérais quelque chose, monsieur Tibaudier, avant votre billet, mais il me fait craindre pour mon amour.

MONSIEUR TIBAUDIER.

Voici encore, madame, deux petits versets ou couplets que j'ai composés à votre honneur et gloire.

LE VICOMTE.

Ah! je ne pensais pas que monsieur Tibaudier fût poëte; et voilà pour m'achever, que ces deux petits versets-là.

LA COMTESSE.

Il veut dire deux strophes. (*A Criquet*) Laquais, donnez un siége à monsieur Tibaudier. (*Bas à Criquet qui apporte une chaise.*) Un pliant, petit animal. Monsieur Tibaudier, mettez-vous là, et nous lisez vos strophes.

MONSIEUR TIBAUDIER.

Une personne de qualité
Ravit mon âme :
Elle a de la beauté,
J'ai de la flamme :
Mais je la blame
D'avoir de la fierté.

LE VICOMTE.

Je suis perdu après cela.

LA COMTESSE.

Le premier vers est beau. Une personne de qualité!

JULIE.

Je crois qu'il est un peu trop long; mais on peut prendre une licence pour dire une belle pensée.

LA COMTESSE, *à monsieur Tibaudier.*

Voyons l'autre strophe.

MONSIEUR TIBAUDIER.

Je ne sais pas si vous doutez de mon parfait amour ;
   Mais je sais bien que mon cœur à toute heure
   Veut quitter sa chagrine demeure
Pour aller, par respect, faire au vôtre sa cour.
Après cela, pourtant, sûre de ma tendresse
   Et de ma foi, dont unique est l'espèce,
     Vous devriez à votre tour,
     Vous contentant d'être comtesse,
Vous dépouiller en ma faveur d'une peau de tigresse
Qui couvre vos appas la nuit comme le jour.

LE VICOMTE.

Me voilà supplanté, moi, par monsieur Tibaudier.

LA COMTESSE.

Ne pensez pas vous moquer : pour des vers faits dans la province, ces vers-là sont fort beaux.

LE VICOMTE.

Comment, madame, me moquer ! Quoique son rival, je trouve ces vers admirables, et ne les appelle pas seulement deux strophes comme vous, mais deux épigrammes aussi bonnes que toutes celles de Martial.

LA COMTESSE.

Quoi ! Martial fait-il des vers ? Je pensais qu'il ne fît que des gants.

MONSIEUR TIBAUDIER.

Ce n'est pas ce Martial-là, madame ; c'est un auteur qui vivait il y a trente ou quarante ans.

LE VICOMTE.

Monsieur Tibaudier a lu les auteurs ; comme vous le voyez. Mais allons voir, madame, si ma musique et ma comédie, avec mes en-

trées de ballet, pourront combattre dans votre
esprit les progrès des deux strophes et du
billet que nous venons de voir.

LA COMTESSE.

Il faut que mon fils le comte soit de la partie, car il est arrivé ce matin de mon château
avec son précepteur que je vois là-dedans.

SCÈNE XVII

LA COMTESSE, JULIE, LE VICOMTE, MON-
SIEUR TIBAUDIER, MONSIEUR BOBINET,
CRIQUET.

LA COMTESSE.

Holà, monsieur Bobinet! Monsieur Bobinet,
approchez-vous du monde.

MONSIEUR BOBINET.

Je donne le bon vêpres à toute l'honorable
compagnie. Que désire madame la comtesse
d'Escarbagnas de son très-humble serviteur
Bobinet?

LA COMTESSE.

A quelle heure, monsieur Bobinet, êtes-
vous parti d'Escarbagnas avec mon fils le
comte?

MONSIEUR BOBINET.

A huit heures trois quarts, madame,
comme votre commandement me l'avait ordonné.

LA COMTESSE.

Comment se portent mes deux autres fils,
le marquis et le commandeur?

MONSIEUR BOBINET.

Ils sont, Dieu grâce, madame, en parfaite
santé.

LA COMTESSE.

Où est le comte?

MONSIEUR BOBINET.

Dans votre belle chambre à alcôve, madame.

LA COMTESSE.

Que fait-il, monsieur Bobinet?

MONSIEUR BOBINET.

Il compose un thème, madame, que je viens de lui dicter sur une épître de Cicéron.

LA COMTESSE.

Faites-le venir, monsieur Bobinet.

MONSIEUR BOBINET.

Soit fait, madame, ainsi que vous le commandez.

SCÈNE XVIII

LA COMTESSE, JULIE, LE VICOMTE, MONSIEUR TIBAUDIER.

LE VICOMTE, *à la comtesse.*

Ce monsieur Bobinet, madame, a la mine fort sage; et je crois qu'il a de l'esprit.

SCÈNE XIX

LA COMTESSE, JULIE, LE VICOMTE, LE COMTE, MONSIEUR BOBINET, MONSIEUR TIBAUDIER.

MONSIEUR BOBINET.

Allons, monsieur le comte, faites voir que vous profitez des bons documents qu'on vous donne. La révérence à toute l'honnête assemblée.

LA COMTESSE, *montrant Julie.*

Comte, saluez madame, faites la révérence à monsieur le vicomte, saluez monsieur le conseiller.

MONSIEUR TIBAUDIER.

Je suis ravi, madame, que vous me concédiez la grâce d'embrasser monsieur le comte votre fils. On ne peut pas aimer le tronc qu'on n'aime aussi les branches.

LA COMTESSE.

Mon Dieu! monsieur Tibaudier, de quelle comparaison vous servez-vous là!

JULIE.

En vérité, madame, monsieur le comte a tout à fait bon air.

LE VICOMTE.

Voilà un jeune gentilhomme qui vient bien dans le monde.

JULIE.

Qui dirait que madame eût un si grand enfant?

LA COMTESSE.

Hélas! quand je le fis, j'étais si jeune, que je me jouais encore avec une poupée.

JULIE.

C'est monsieur votre frère, et non pas monsieur votre fils.

LA COMTESSE.

Monsieur Bobinet, ayez bien soin au moins de son éducation.

MONSIEUR BOBINET.

Madame, je n'oublierai aucune chose pour

cultiver cette jeune plante dont vos bontés
m'ont fait l'honneur de me confier la conduite;
et je tâcherai de lui inculquer les semences de
la vertu.

LA COMTESSE.

Monsieur Bobinet, faites-lui un peu dire
quelque petite galanterie de ce que vous lui
apprenez.

MONSIEUR BOBINET.

Allons, monsieur le comte, récitez votre leçon d'hier au matin.

LE COMTE.

Omne viro soli quod convenit, esto virile,
Omne viri...

LA COMTESSE.

Fi! monsieur Bobinet, quelles sottises est-ce
que vous lui apprenez là?

MONSIEUR BOBINET.

C'est du latin, madame, et la première règle
de Jean Despautère.

LA COMTESSE.

Mon Dieu, ce Jean Despautère-là est un in-
solent, et je vous prie de lui enseigner du latin plus honnête que celui-là.

MONSIEUR BOBINET.

Si vous voulez, madame, qu'il achève, la
glose expliquera ce que cela veut dire.

LA COMTESSE.

Non, non, cela s'explique assez.

SCENE XX

LA COMTESSE, JULIE, LE VICOMTE, MON-
SIEUR TIBAUDIER, LE COMTE, MON-
SIEUR BOBINET, CRIQUET.

CRIQUET.

Les comédiens envoient dire qu'ils sont tous
prêts.

LA COMTESSE.

Allons nous placer. (*Montrant Julie.*) Monsieur Tibaudier, prenez madame.

(*Criquet range tous les siéges sur un des côtés
du théâtre ; la comtesse, Julie et le Vicomte s'as-
seyent; monsieur Tibaudier s'assied aux pieds
de la Comtesse.*)

LE VICOMTE.

Il est nécessaire de dire que cette comédie
n'a été faite que pour lier ensemble les différents morceaux de musique et de danse dont
on a voulu composer ce divertissement, et
que...

LA COMTESSE.

Mon Dieu, voyons l'affaire. On a assez d'esprit pour comprendre les choses.

LE VICOMTE.

Qu'on commence le plus tôt qu'on pourra;
et qu'on empêche, s'il se peut, qu'aucun fâcheux ne vienne troubler notre divertissement.

(*Les violons commencent une ouverture.*)

SCÈNE XXI

LA COMTESSE, JULIE, LE VICOMTE, LE COMTE, MONSIEUR HARPIN, MONSIEUR TIBAUDIER, MONSIEUR BOBINET, CRIQUET.

MONSIEUR HARPIN.

Parbleu! la chose est belle, et je me réjoui de voir ce que je vois.

LA COMTESSE.

Holà, monsieur le receveur! que voulez-vous donc dire avec l'action que vous faites? Vient-on interrompre comme cela une comédie?

MONSIEUR HARPIN.

Morbleu! madame, je suis ravi de cette aventure; et ceci me fait voir ce que je dois croire de vous, et l'assurance qu'il y a au don de votre cœur et aux serments que vous m'avez faits de sa fidélité.

LA COMTESSE.

Mais vraiment, on ne vient point ainsi se jeter au travers d'une comédie, et troubler un acteur qui parle!

MONSIEUR HARPIN.

Eh, têtebleu! la véritable comédie qui se fait ici, c'est celle que vous jouez; et si je vous trouble, c'est de quoi je me soucie peu.

LA COMTESSE.

En vérité, vous ne savez ce que vous dites.

MONSIEUR HARPIN.

Si fait, morbleu ! je le sais bien ; je le sais
bien, morbleu ! et...

(*Monsieur Bobinet, épouvanté, emporte le comte
et s'enfuit ; il est suivi par Criquet.*)

LA COMTESSE.

Eh, fi, monsieur ! que cela est vilain de
jurer de la sorte !

MONSIEUR HARPIN.

Eh, ventrebleu ! s'il y a ici quelque chose de
vilain, ce ne sont point mes jurements, ce
sont vos actions ; et il vaudrait bien mieux
que vous jurassiez, vous, la tête, la mort et
le sang, que de faire ce que vous faites avec
monsieur le vicomte.

LE VICOMTE.

Je ne sais pas, monsieur le receveur, de
quoi vous vous plaignez ; et si...

M. HARPIN, *au vicomte.*

Pour vous, monsieur, je n'ai rien à vous
dire ; vous faites bien de pousser votre pointe,
cela est naturel. Je ne le trouve point étrange ;
et je vous demande pardon si j'interromps
votre comédie ; mais vous ne devez point
trouver étrange aussi que je me plaigne de
son procédé ; et nous avons raison tous deux
de faire ce que nous faisons.

LE VICOMTE.

Je n'ai rien à dire à cela, et ne sais point
les sujets de plainte que vous pouvez avoir
contre madame la comtesse d'Escarbagnas.

LA COMTESSE.

Quand on a des chagrins jaloux, on n'en

use point de la sorte ; et l'on vient doucement se plaindre à la personne que l'on aime.

MONSIEUR HARPIN.

Moi, me plaindre doucement ?

LA COMTESSE.

Oui. L'on ne vient point crier de dessus un théâtre ce qui se doit dire en particulier.

MONSIEUR HARPIN.

J'y viens, moi, morbleu ! tout exprès : c'est le lieu qu'il me faut ; et je souhaiterais que ce fût au théâtre public, pour vous dire avec plus d'éclat toutes vos vérités.

LA COMTESSE.

Faut-il faire un si grand vacarme pour une comédie que monsieur le vicomte nous donne ? Vous voyez que monsieur Tibaudier, qui m'aime, en use plus respectueusement que vous.

MONSIEUR HARPIN.

Monsieur Tibaudier en use comme il lui plaît. Je ne sais pas de quelle façon monsieur Tibaudier a été avec vous ; mais monsieur Tibaudier n'est pas un exemple pour moi, et je ne suis point d'humeur à payer les violons pour faire danser les autres.

LA COMTESSE.

Mais vraiment, monsieur le receveur, vous ne songez pas à ce que vous dites. On ne traite point de la sorte les femmes de qualité ; et ceux qui vous entendent croiraient qu'il y a quelque chose d'étrange entre vous et moi.

MONSIEUR HARPIN.

Eh, ventrebleu ! madame, quittons la fari-bole.

LA COMTESSE.

Que voulez-vous donc dire avec votre quittons la faribole?

MONSIEUR HARPIN.

Je veux dire que je ne trouve point étrange que vous vous rendiez au mérite de monsieur le vicomte ; vous n'êtes pas la première femme qui joue dans le monde de ces sortes de caractère, et qui ait auprès d'elle un monsieur le receveur dont on lui voit trahir et la passion et la bourse pour le premier venu qui lui donnera dans la vue. Mais ne trouvez point étrange aussi que je ne sois point la dupe d'une infidélité si ordinaire aux coquettes du temps, et que je vienne vous assurer, devant bonne compagnie, que je romps commerce avec vous, et que monsieur le receveur ne sera plus pour vous monsieur le donneur.

LA COMTESSE.

Cela est merveilleux! Comme les amants emportés deviennent à la mode! on ne voit autre chose de tous côtés. Là, là, monsieur le receveur, quittez votre colère, et venez prendre place pour voir la comédie.

MONSIEUR HARPIN.

Moi, morbleu! prendre place! (*Montrant monsieur Tibaudier.*) Cherchez vos benêts à vos pieds. Je vous laisse, madame la comtesse à monsieur le vicomte ; et ce sera à lui à qui j'envoierai tantôt vos lettres. Voilà ma scène faite, voilà mon rôle. Serviteur à la compagnie.

MONSIEUR TIBAUDIER.

Monsieur le receveur, nous nous verrons autre part qu'ici, et je vous ferai voir que je suis au poil et à la plume.

MONSIEUR HARPIN, *en sortant.*

Tu as raison, monsieur Tibaudier.

LA COMTESSE.

Pour moi, je suis confuse de cette insolence.

LE VICOMTE.

Les jaloux, madame, sont comme ceux qui
perdent leur procès ; ils ont permission de
tout dire. Prêtons silence à la comédie ?

SCÈNE XXII

LA COMTESSE, LE VICOMTE, JULIE, MON-
SIEUR TIBAUDIER, JEANNOT.

JEANNOT, *au Vicomte.*

Voilà un billet, monsieur, qu'on nous a dit
de vous donner vite.

LE VICOMTE, *lisant.*

« En cas que vous ayez quelque mesure à
» prendre, je vous envoie promptement un
» avis. La querelle de vos parents et de ceux
» de Julie vient d'être accommodée ; et les con-
» ditions de cet accord, c'est le mariage de
» vous et d'elle. Bonsoir. » (*A Julie.*) Ma foi,
madame, voilà notre comédie achevée aussi.

(*Le Vicomte, la Comtesse, Julie et monsieur Tibaudier se lèvent.*)

JULIE.

Ah; Cléante, quel bonheur ! notre amour
eût-il osé espérer un si heureux succès ?

LA COMTESSE.

Comment donc ! Qu'est-ce que cela veut
dire ?

LE VICOMTE.

Cela veut dire, madame, que j'épouse Julie; et, si vous m'en croyez, pour rendre la comédie complète de tout point, vous épouserez monsieur Tibaudier, et donnerez mademoiselle Andrée à son laquais, dont il fera son valet de chambre.

LA COMTESSE.

Quoi! jouer de la sorte une personne de ma qualité!

LE VICOMTE.

C'est sans vous offenser, madame; et les comédies veulent de ces sortes de choses.

LA COMTESSE.

Oui, monsieur Tibaudier, je vous épouse pour faire enrager tout le monde.

MONSIEUR TIBAUDIER.

Ce m'est bien de l'honneur, madame.

LE VICOMTE, *à la comtesse.*

Souffrez, madame, qu'en enrageant nous puissions voir ici le reste du spectacle.

FIN DE LA COMTESSE D'ESCARBAGNAS.

ŒUVRES DE MOLIÈRE

Publiées dans la *Bibliothèque nationale*.

(Tomes XXXI, XLI, LXXVI de la collection.)

BUREAUX, 5, RUE COQ-HÉRON
à Paris.

PARIS. — IMP. DE DUBUISSON ET Cᵉ, 5, RUE COQ-HÉRON

76 VOLUMES EN VENTE

SOUS PRESSE :

CHEZ LES MÊMES ÉDITEURS:

L'ÉCOLE MUTUELLE

COURS D'ÉDUCATION POPULAIRE COMPLET
EN 24 VOLUMES A 25 CENTIMES

En vente :

Grammaire. — Arithmétique et Tenue de livres. — Géographie générale. — Cosmographie. — Histoire naturelle. — Agriculture. — Physique (2 vol.). — Droit usuel.

Sous presse :

Dessin linéaire et Géométrie. — Géographie de la France. — Musique. — Botanique. — Chimie. — Hygiène et Médecine. — Histoire ancienne. — Histoire du moyen âge. — Histoire moderne. — Histoire de France. — Philosophie et morale. — Mythologie et Histoire des Religions. — Histoire littéraire. — Inventions et Découvertes. — Dictionnaire de la Langue française usuelle (2 vol.)

PARIS. — IMPRIMERIE DE DUBUISSON ET Cⁱᵉ, RUE COQ-HÉRON, 5